젊은 부자들은 어떻게 SNS로 하루에 2천을 벌까?

젊은 부자들은 어떻게 SNS로 하루에 2천을 벌까?

1판 1쇄 펴낸 날 2019년 6월 14일
1판 4쇄 펴낸 날 2020년 4월 22일

지은이 안혜빈
펴낸이 나성원
펴낸곳 나비의활주로

기획편집 김신희
디자인 design BIGWAVE

주소 서울시 강북구 삼양로 85길, 36
전화 070-7643-7272
팩스 02-6499-0595
전자우편 butterflyrun@naver.com
출판등록 제2010-000138호

ISBN 979-11-88230-74-7 03320

어디서든 자유롭게 일하고 하루에 수백, 수천의 매출을 올리는

'홈비즈니스'의 모든 것!

젊은 부자들은 어떻게 SNS로 하루에 2천을 벌까?

안혜빈 지음

나비의 활주로

PROLOGUE

단순히 취미로만 활용하기에 SNS는 이미 그 이상의 가치를 넘어서고 있다. 사람들은 이제 자신의 대변인으로서 SNS를 활용하고 있다. SNS를 통해 짧은 기간 자신의 인생을 변화시키며 새로운 직업을 갖게 된 사람, SNS를 통해 짧은 기간 자신의 사업을 중단할 정도로 큰 실수를 저지른 사람들이 사회적으로 이슈가 되면서 SNS는 그 이상의 가치로 주목받고 있는 추세이다.

평범하게 5살, 3살의 두 아이를 키우던 젊은 엄마가 어떻게 SNS마케팅과 홈비즈니스를 통해 월 억의 매출을 내는 CEO가 되었을까? 그것도 사무실 없이 시작해서 말이다.

현재 많은 주부들과 워킹맘, 직장인 분들께 SNS마케팅 및 홈비즈니스 교육을 해드리면서 참 안타까운 사실을 알게 됐다. 여태 SNS를 단순한 취미의 수단으로 활용하다 보니 SNS로 수익을 발생시킬 수 있다는 생각을 전혀 하지 못했다는 것. 아마 소상공인, 스타트업 사장님들도 같은 생각인 분들이 많을 것이다. 그러면서 그분들은 이야기한다.

"인스타그램은 나랑 안 맞는 것 같아요."
"SNS는 너무 어려워요."
"마케팅 책이나 교육을 다 들어보고 해 봤는데 나랑 안 맞더라고요."
"네이버 블로그 마케팅은 좀 해 볼 만한데 SNS마케팅은 알다가도 모르겠어요."
"예산이 적어서 SNS마케팅을 할 수 없어요."

사실 이 말을 듣고 많이 안타까웠다. 왜냐하면 SNS마케팅은 방법만 잘 알고 활용한다면, 일반적으로 마케팅에서 이야기하는 상위노출의 개념을 모르는 사람도 0원의 비용으로 활용할 수 있는 훌륭한 마케팅 채널이기 때문이다. 그리고 홈비즈니스를 준비하거나 시작하는 분들께는 적은 시간, 고효율을 내기에 딱 적합한 채널이라고 할 수 있다.
내가 자는 동안에도 자동으로 나를 홍보해주는 시스템을 만들 수 있고, 나의 팬 고객층을 확보하여 팬들에게 수월하게 팬 서비스를 진행할 수 있으며, 한 회사를 운영하는 CEO 입장에서는 직원들과 고객들에게 빠르게 회사 소식을 전할 수 있는 소통의 창구로도 활용할 수 있다.
최근에 기사나 뉴스를 보고 내가 관심을 가지게 된 키워드가 두 가지 있다. 바로 '저출산'과 '워라밸'이다. 왜 우리는 점점 더 좋은 환경과 높은 소득수준, 높은 시급이 주어지고 있는데도 저출산 문제에 직면하게 되며 워라밸work life balance을 추구하게 되는 것일까? 그리고 이 문제들을 해결하고 워라밸을 내 삶에 적용하기 위해서는 어떻게 하면 좋을까?

사실 이 문제들을 내가 해결할 순 없겠지만, 사회의 일원으로 보탬이 되고 싶었다. 그리고 더 많은 사람들이 홈비즈니스를 통해 워라밸을 실현하기를 바라는 마음으로 이 책을 쓰게 되었고 더 나아가 자신의 주변 사람들과 함께 내용을 공유하며 주변까지 환하게 밝혀줄 수 있기를 소망하며 책을 완성해나갔다.

실제로 필자도 그런 걱정을 하던 한 사람이었다. 8년 전 홈비즈니스를 처음 시작하였고 SNS마케팅을 통해 경력 단절 없이 꾸준히 수익을 발생시키면서 부족한 생활비를 보충하던 처지였다. 중간에 힘든 시기들을 많이 겪었지만 그런 가운데도 SNS마케팅과 홈비즈니스만은 놓지 않았다.

10년 전 처음 시작했던 SNS는 어떤 순간엔 친구가 되어주기도 했고, 이른 나이에 결혼하여 일찍 주부가 되었을 땐 경제적 기반을 마련해주는 도구가 되어주기도 했다. 현재는 우리 고객들과의 소통의 창구가 되어주기도 하며, 나의 대변인이 되어주기도 한다. 그러나 분명한 건 필자도 매 순간 처절하게 앞으로의 삶과 나의 경제적 상황이 나아지기를 바라던 평범한 한 사람에 불과했다는 것이다.

현재는 홈비즈니스로 이러한 고민들이 해결되었으며, 더 많은 직장인과 주부들이 홈비즈니스를 시작하거나 SNS마케팅을 활용할 수 있도록 교육하고 있다. 그 과정에서 비교적 짧은 기간 내에 경제적 안정을 찾고 삶의 행복지수가 높아졌으며 많은 보람을 느끼게 되었다. 이제는 더 많은 분들이 책을 통해서도 그 방법을 알아가시길 바라는 마음으로 책 출간을 결심하게 되었다.

이 책은 내가 지난 1년간 수백 명의 수강생들을 가르쳐오면서 교재에 넣고 싶었던 내용들을 중심으로 써 내려갔다. 그리고 홈비즈니스를 시작하고 싶은데 생소하고 막막하다고 생각하실 분들을 위하여 꼭 필요한 내용들을 담아 한 권의 책으로 완성하게 되었다.

책을 집필하면서 이 책을 읽는 독자들이 "어? 홈비즈니스 나도 할 수 있겠는데?", "SNS마케팅은 내 사업에도 적용해 볼 수 있겠다!"라는 생각과 동시에 "내가 가장 아끼는 사람들에게 선물하고 함께 행복한 삶을 살고 꿈을 이루고 싶다."라는 생각이 들 수 있도록 실제 내가 가르친 주부와 직장인 분들의 사례들 위주로 담고자 노력했다.

오늘부터, 홈비즈니스와 SNS마케팅에 대한 새로운 접근으로 당신의 삶이 더욱 여유로워지며 행복해질 수 있길 함께 기도할 것이다. 당신은 충분히 해낼 수 있다!

CONTENTS

CHAPTER 3

홈비즈니스 구축 단계 마케팅 채널 활용팁!
- 페이스북, 유튜브, 블로그, 카페

CHAPTER 4

고객의 가치를 경영하라, CVM 마케팅

★ HOME BUSINESS ★

CHAPTER 1

홈비즈니스로 인생 역전, 하루 매출이 2,450만 원이라고?

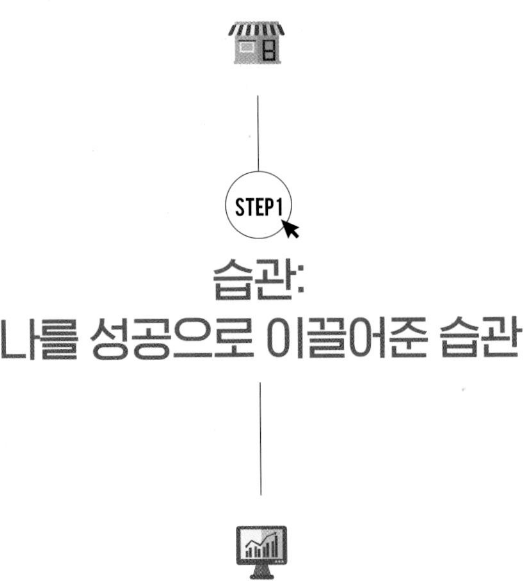

STEP1

습관:
나를 성공으로 이끌어준 습관

수천만 원의 빚으로 마이너스 생활을 하던 나는 1년 만에 보통 직장인들의 월급 이상을 하루에 벌어들이는 그야말로 '성공'한 여자가 되었다. 나의 성공을 보며 누군가는 '운이 좋아서'라고 했고 누군가는 '기적'이라고 했다. 평범한 주부였기 때문에 더욱더 쉽게 상상할 수 없었던 성공! 하지만 그 믿을 수 없는 기적은 결코 저절로 일어난 것이 아니다. 할 수 있다는 '긍정'의 확신과 남다른 '선택'의 결과로 만들어냈다.

결혼해서 2016년까지 나는 그저 남들이 보기에 평범한 주부로 살고 있었다. 남편이 안정적인 직장을 다녔기에 큰 걱정 없이 하루하루를 보내고 있었고 행복했다. 집에서 계속 무언가를 하긴 했지만 남들이 보기에 특별할 것 없는 일상들이었다. 둘째를 낳고는 조금씩 재택 부업을 시작하고 홈비즈니스를 작게 작게 진행해보는 것이 전부였다. 그때만 해도 남편은 왜 고생스럽게 재택 부업을 하느냐면서 힘드니까 그냥 집에서 쉬라고 늘 말했었다.

하지만 2017년 신혼집을 처분해야 할 만큼 갑자기 형편이 어려워졌다. 한 번 빚이 생기자 경제적인 어려움은 눈덩이처럼 불어났다. 빚은 빚을 불러왔고 매달 마이너스 생활에서 벗어날 수 없었다. 경제적인 어려움은 우리 부부의 위기로 이어졌다. 육아를 하면서 소일거리로 재택 부업을 하던 내게 남편은 매일 "오늘은 일 없었어? 오늘은 좀 팔렸어?"라며 부담을 주었고 그 말이 내겐 상당한 스트레스였다. 그러다 보니 나 역시 남편이 쉬는 날 집에 있는 게 곱게 보이지 않았다. 그래서 남편이 쉬는 날 집에 있으면 그냥 쉬지 말고 다른 아르바이트라도 좀 찾아보라고 잔소리를 하게 됐다. 결국 가정의 경제적 위기는 부부간의 감정적 위기까지 불러왔다.

그러다 문득 그런 생각이 들었다. '처음에는 이러지 않았는데, 우리는 왜 이렇게 됐을까?' 경제적인 문제가 발생하기 전, 우리 부부에게는 사랑과 행복만이 가득했었다. 싸움 한 번 한 적이 없었다. 하지만 경제적인 위기를 겪으면서 깨닫게 됐다. 누구나 그렇듯 경제적 여유가 기반이 되어야 행복한 결혼 생활도 유지할 수 있는 거라고. 우리 부부도 예외가 아니라는 것을.

그런 위기 앞에서 나의 진짜 능력이 발휘되기 시작했다. 내 안에 가득 차 있던 성공에 대한 갈망과 의지가 다시 불타올랐던 것이다. 주부로 아이를 키우면서도 내 인생을 멋지게 책임지고 싶었다. 그럼 어떻게 그 어려운 시기를 극복할 수 있었을까? 바로 '긍정 확언'을 작성한 것이다.

긍정 확언은 나에게 꼭 필요했다. 젊은 나이에 육아까지 하며 꿈을 이뤄보겠다고 발버둥 치는데 내 주변에는 나를 진심으로 응원해주는 사람이 없었다. 모두 나를 너무 사랑하기에 실패하지 않았으면 한다는 우려 섞인 말들로 나의 꿈과 목표들을 꺾으려 했다. 그래서 결심했다. 나의 성공을 확신하는 말들을 나 스스로 나에게 들려줘야겠어! 또한 어떤 목표든 종이에 쓰면 실천 의지가 높아진다는 것을 책을 통해 배웠기에 매일 종이에 성공을 확신하는 말들을 빼곡히 적었다. 스스로에게 확신을 준 것이다. 그리고 매일 그 문장들을 내게 읽어줬다.

놀랍게도 긍정 확언을 매일 작성하고 읽으면서 나는 완전히 달라졌다. 현재의 상황에 빠져 우울해하고 위축되어 있었으며 그로 인해 남편과도 다툼이 잦았던 나는 긍정 확언을 통해 미래를 바라보게 되었다. 그리고 본격적으로 사업을 시작하게 되었고 오늘날의 성공에 이를 수 있었다.

시간당 8억 원의 강사료를 받는 세계적인 성공학 강사 브라이언 트레이시가 말했다. "성공하는 모든 사람은 가슴속에 큰 꿈을 품은 사람들이었다. 그들은 항상 더 나은 미래를 상상하고 모든 방법을 동원해 이상 실현을 위해 철저히 매달린 사람들이었다." 그러니 꿈을 이루고 성공하

긍정문장

- 내게 불가능한 일이란 없다. 내게는 원하는 모든 것을 실현할 힘이 있다.
- 내게 필요한 돈은 반드시 수중에 들어온다.
- 멋진 일로 가득찬 나의 잠재의식은 반드시 모든 소망을 이루어준다.
- 나는 금융, 재테크에서 뛰어난 재능을 갖고 있으며 성공률이 높다.
- 나는 시간관리를 잘하며 부지런하고 끈기있다.
- 언제나 "오늘이 마지막 날" 이라는 마음으로 결정하고 행동한다.
- 내게는 시대조차 반드시 내 편으로 만들 힘이 있다.
- 나는 매일 매 순간 감사하며 긍정적이고 행복하다.
- 나는 운이 좋은 사람이다.
- 나는 공부가 너무 좋고 배움이 즐겁다.
- 내게는 넘치는 에너지와 열정이 있다.
- 나는 꿈을 실현할 수 있을 만큼의 시간, 에너지, 지혜, 돈을 가지고 있다.
- 내 삶은 반드시 많은 이의 지지를 받는다.
- 항상 겸손하게 행동하며 남을 배려한다.
- 내가 하는 선택과 행동은 반드시 성공으로 이어진다.
- 나는 언제나 나 자신을 위한 최고의 선택을 한다.
- 내 삶은 성공적이며 앞으로도 성공적일 것이다.
- 내게는 인내력과 지구력이 있고 내 행동엔 책임감이 있다.
- 항상 신중히 생각하며 사치스럽지 않다.
- 나는 커뮤니케이션의 달인이다.
- 기적은 나와 내 주변에서 계속 일어난다.
- 내게는 다른 사람들에게 꿈과 행복을 주는 힘이 있다.
- 나는 내 분야에서 만큼은 자신있고 최고이다.
- 나는 언제나 최고의 선택을 한다.
- 나는 성공하기까지 끈기있게 해내며 절대 포기하지 않는다.
- 나는 끊임없이 성장한다.
- 나는 금전때문에 괴로움을 겪지 않는다.
- 오늘 나에게 최고의 행운이 올 것이다.

- 난 뭐든지 할 수 있어.
- 난 우리나라 최고의 여성 CEO 이자 세계 TOP 여성 CEO이다.
- 내게는 무한한 아이디어와 그것을 실행해 성공시킬 잠재력이 있다.

내가 작성하고 매일 읽었던 나의 긍정 확언

고 싶다면 당장 오늘부터 나의 성공을 확신하고 긍정 확언을 적어보자. 하루 한 가지씩만 실천한다면 내가 원하는 미래를 내가 만들 수 있다.

연습 나만의 긍정 확언 작성하기

- '~중이다' 혹은 '~것이다' 등 진행형으로 써야 한다.
- 현재 상황에 개의치 말고 꼭 이루고 싶은 목표와 꿈을 생생하게 그리며 써야 한다.

예시	나의 긍정 확언
① 내가 하고자 하는 일은 모두 성공할 것이다. ② 내 의지대로 되지 않는 모든 과정조차도 더 큰 성공으로 가는 길잡이가 되어줄 것이다. ③ 나는 100만 팬을 보유한 인플루언서가 되는 중이다.	

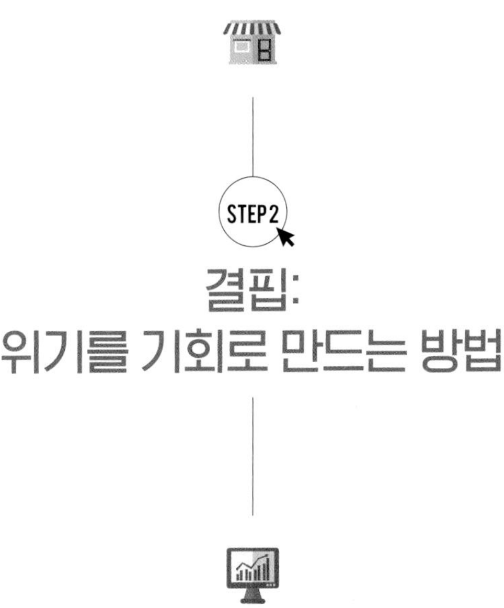

결핍: 위기를 기회로 만드는 방법

요즘에는 개천에서 용이 나지 않는다고 한다. 잘사는 집에서 좋은 교육을 받고 자란 아이들이 결국엔 성공할 확률이 크다는 것이다. 잘사는 집 아이는 가난한 집 아이보다 좋은 선생님을 구해 최고의 교육을 받을 수 있기에 좀 더 빨리, 쉽게 성공하는 것은 확률적으로도 당연한 것이 아닐까. 그래서인지 사람들은 어린 나이임에도 대단하다며 나의 성취와 성공을 축하하면서 이런 말을 덧붙인다. "원래부터 잘살았던 것 아니야?" 혹은 "금수저라서 든든한 배경을 등에 업고 쉽게 성공을 이룬 것 아닐까"라고 말이다.

하지만 나는 대구 인근의 조그마한 시골 마을, 버스가 4시간에 겨우 한 대 오던 '깡촌'에서 자랐다. 이곳에서 20년을 살았고 그 작은 시골 마을에서도 우리 집은 가난한 편에 속했다. 하루 세끼를 넉넉하게 챙겨 먹기도 어려울 정도로 힘든 상황이었고 이를 잘 알고 계셨던 아버지의 동료분들이나 이웃분들이 많이 도와주셨다.

게다가 부모님께서는 내가 3살 때 이혼을 하셨던 터라 나는 이혼 가정의 아이로 자랐다. 요즘과 달리 내가 어렸을 당시의 작은 시골 마을에는 편견과 차별이 심했었다. 나와 남동생은 온 동네에 '엄마 없는 남매'로 소문이 났다. 우리 남매가 지나가면 동네 할머니들은 혀를 끌끌 차며

대놓고 수군거렸다. 학교에서도 소문이 퍼져 따돌림을 당하기 일쑤였다. 가진 것도 없고 대항할 힘도 없이 어린 시절을 보냈다.

이런 이야기를 하면 사람들의 반응이 두 가지로 나뉜다. 하나는 "그 힘든 시기를 어떻게 버티셨어요?" 다른 하나는 "이런 이야기를 꺼내는 게 어렵거나 불편하지 않으세요?"이다. 하지만 나는 이런 내 이야기가 SNS, 특히 유튜브, 인스타그램을 통해 얼마나 많은 이들을 변화시키고 긍정적인 자극을 주었는지를 경험했다. 또한 당장 환경이 어렵고 상처가 많다는 이유로 좌절하고 누군가를 원망하며 살아가는 많은 분들에게 여전히 내 이야기가 희망과 용기가 되어주기를 바란다. 결국 자기 자신의 인생은 부모님이나 친구들이 아닌 나 스스로가 선택하는 것이니까. 나 또한 그 시절 험한 소리를 듣고 힘들게 자라면서 순간순간 아프고 상처도 받았지만 결코 쓰러지지는 않았다. 오히려 내게 부족한 것들을 반드시 극복해내겠다는 목표의식이 강해졌다.

그리고 성공을 부정하고 성공을 의식적으로 늦추는 분들을 보면 공통적으로 하는 말이 있다. "나는 돈이 없는 부모님 밑에서 자라서 교육을 이 정도밖에 못 받았어요", "홀어머니 밑에서 자라서 방황을 많이 하게 되었어요", "결혼을 잘못해서 불행하게 살고 있어요", "독박육아를 하느라 일할 엄두를 못 내요" 등등. 현재의 불행과 불운의 원인을 모두 자신의 외부에 돌리게 되는 것이다. 사람이기에 당연히 그럴 수 있으나 이제 우리는 성공하기 위해서라도 의식적으로 이런 생각들을 경계해야만 한다. 또한 안타깝게도 현재 사회적 환경 때문에 나도 모르게 그러

YouTube 검색

100% 성공하는 슬럼프대처법, 직장인화법, 집단따돌림 극복하는 방법[혜님tv]

조회수 936회 22 0 공유 저장

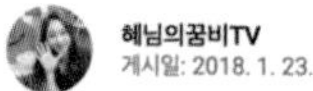

혜님의꿈비TV
게시일: 2018. 1. 23.

분석 동영상 수정

100%성공하는 슬럼프대처법을 담은 영상입니다^^
저도 한 때 직장인이였기에 직장인화법 에도 도움이 되실 것 같고,
집단따돌림도 수년간 당했었기에 그 경험 또한 도움이 되실 것 같습니다!

한 생각의 늪에 빠져버릴 수도 있다. 그래서 더 경계하고 또 경계해야 한다. 그래야 다른 삶을 살아갈 수 있고 그러한 나의 선택이 우리 아이들, 가족들의 삶을 윤택하게 만들어 줄 것이다.

나 또한 시골 마을에서 당장 내일을 걱정하며 평생 가난에 좌절하면서 살아가는 삶 대신 다른 삶을 선택했다. 성공을 위해 서울로 향한 것이다. 당시 마을 사람들은 내가 서울로 유학을 갔다고 했다(워낙 시골이라 내가 서울 간 것을 유학이라 표현했다). 부모님이 넉넉하게 뒷바라지 해줄 수 없었기에 오히려 스스로의 힘으로 해내겠다는 독기가 생겼다.

[혜님 동기부여] 성공습관? 성공하고자 한다면 '이것'부터 써라.(sn...

20살에 캐리어 하나와 아르바이트를 해서 힘들게 모은 50만 원을 들고 나와 서울 고시원에 입성했다. 아무것도 모르는 시골 촌년에 불과했던 나는 의지할 사람 하나 없는 낯선 서울에서 불안과 두려움도 느꼈지만 오로지 스스로를 믿고 당차게 서울 생활을 시작했다.

고시원에 짐을 풀고 두 달간 아르바이트를 해서 100만 원을 모아 겨우 원룸으로 옮길 수 있었다. 치안이 좋은 곳으로 구하게 도와달라는 내 요청에도 부동산업자는 치안이 가장 나빠 여자 혼자는 잘 살지도 않는 곳으로 방을 잡아줬고 그 때문에 위험한 순간도 여러 번이었다. 속옷을 훔쳐가는 일, 낯선 남자가 쫓아오는 일, 심지어 스토킹까지 비일비재했다. 밤마다 가위에 눌릴 정도로 공포를 느꼈지만 누가 쫓아오면 욕을 해서 앙칼지게 쫓아버릴 정도로 담대해졌고 스스로를 지켜낼 수 있었다. 그리고 이러한 경험들조차 긍정적으로 받아들이고자 항상 SNS를 끼고 살며 재미있는 에피소드로 승화하고자 했다.

서울에 와서 닥치는 대로 일을 하고 돈을 벌고 결혼을 하고 나서도 모든 일이 순조롭게 풀리지는 않았다. 여전히 나는 가난과 싸워야 했고 사람들의 부정적인 말에 상처를 입어야 했다.

SNS로 사업을 시작하려 했을 때도 모든 사람들이 그랬다. 경력도 없이 사업을 하겠다고? 나이도 어린데 사업을 어떻게 할 거냐, 남편이 벌어주는 돈으로 그냥 아껴서 살림이나 잘하지, 여자가 돈을 벌어봤자 얼마나 벌겠냐 등등 끝도 없이 나를 상처주고 낙담하게 하는 말들만 쏟아졌다. 어쩌면 당연했다. 나는 20대 초반의 새댁이었고 아이를 출산한 지도 얼마 안 됐었다. 사회의 시선이 나를 곱게 볼 리가 없었다.

그럼에도 내가 사업을 시작하고 원하는 목표를 이룰 수 있었던 것은 나 자신에 대한 믿음과 확신, 그리고 내가 내비게이션으로 삼을 인생 멘토들이 있었기 때문이다. 어린 시절 부모님께서는 이혼으로 인해 온전한 가정을 주지 못한 것, 넉넉한 살림으로 풍족하게 누리며 살게 하지 못한 것을 늘 미안해하셨다. 남의 일이라고 동네 사람들은 함부로 말을 해 그로 인해 상처받기도 했지만 그때 부모님의 나이 겨우 20대셨다. 본인들의 삶을 견뎌내시기에도 바쁘고 아팠을 텐데 각자 자신들의 자리에서 묵묵히 우리 남매를 지키고자 애쓰셨다. 특히 부모님께서는 어떻게 살아갈지는 각자의 몫임을 늘 강조하셨다. 부모님께서는 당신들이 원하는 삶으로 나를 이끌지 않고, 내가 원하는 삶을 스스로의 힘으로 만들어나가기를 바라셨다. 내가 하고 싶은 것을 주도적으로 하며 내가 책임지는 삶을 살 수 있도록 이끌어주신 것이다. 나는 결코 특별한 사람이 아니며, 타고난 재능이나 부가 많았던 것도 아니었지만 부모님이 주체적인 삶을 살 수 있도록 힘을 길러주신 덕분에 나는 스스로에 대한 특별하고도 강한 믿음을 갖고 자랐다. 그리고 그것이 모든 상처와 결핍을 딛고 성공에 이르는 원동력이 되어주었다. 그리고 20대 중반, 이러한 내면의 결핍과 힘이 나의 인생 멘토분들을 만나게 되면서 더 큰 에너지를 얻게 되어 이 역시 성공의 기반이 되었다.

이러한 이야기들이 나로서는 조심스러운 이야기들이지만 이 책을 쓰게 된 이유는, 지금 자신의 재능을 꽁꽁 숨기며 언제 어떻게 용기를 내야 할지 몰라 끙끙 앓고만 있을 예비 사장님들께 용기를 드리고 싶었기 때문이다. 그리고 나는 성공의 달콤함뿐만 아니라 '진짜' 내가 여기까지 오게 된 과정들을 알려주고자 이 책을 쓰고 있다. 내가 했으니 당신도 반드시 할 수 있다.

지금 당장! 내가 생각하기에 내 목표와 성공을 방해하고 있던 원인을 찾아 3가지 이상 작성해 보자. 그리고 그 원인이 과연 나의 생각인지, 사실인지를 파악해보는 시간을 갖길 바란다. 만약, 이 생각 자체가 나의 성공을 방해하는 것이라면 이 생각을 '어떻게' 극복하면 좋을지 생각해내자. 나의 목표를 반드시 이루고자 한다면 아래 연습란에 내 목표와 그것을 방해하고 있던 요소들, 그것을 '어떻게' 하면 극복할 수 있을지를 써보자.

이 자체가 홈비즈니스를 하는 데에 무슨 필요가 있나? 하는 분들도 계실 거라 생각한다. 그러나 이 과정은 홈비즈니스뿐만 아니라 나의 목표와 성공을 이뤄내는 데에 반드시 필요한 과정이다. 왜냐하면 결국 목표 달성과 성공을 늦추는 방해 요인들은 '내 안'에서 비롯되기 때문이다. 그렇기 때문에 내가 지금 제자리걸음을 하고 있는 것 같다면, 지금 내가 자주 만나는 사람들과 나의 언어 습관, 나의 행동 패턴을 먼저 점검해보자. 과연 나는 내 성공을 진심으로 지지해주고 도움을 주는 인생 멘토가 곁에 있는가?

힘든 상황에서도 긍정적 마인드를 갖고 위기를 극복하게 되면 분명 얻는 게 있다. 바로 끌어당기는 사람이 되는 것이다. 나 역시 사업을 하다 보니 수많은 고객을 만나고 업무 제휴나 거래를 위해 사업을 하시는 분들도 많이 만나게 된다. 보통은 두 종류의 사람들이 있다. 첫째는 남들이 부러워하는 지식이나 스펙을 가지고 있으면서도 전혀 끌리지 않는 사람, 둘째는 지식이나 스펙은 좀 부족하지만 끌리는 사람, 주변 사람을 끌어당기는 사람이다. 성공은 바로 그런 사람들이 하는 것이다. 위기의 순간을 긍정적으로 극복한 경험을 가진 사람, 그래서 자기만의 이야기로 사람들을 끌어당길 수 있는 사람 말이다. 주변을 살펴보면 그런 분들이 취업도 잘하고 창업도 잘한다. 여러분 역시 위기에 꺾이지 않고 위기를 잘 극복해나간다면 끌어당기는 사람이 될 수 있다. 어려움을 극복한 경험들은 눈에 보이지 않지만 차곡차곡 쌓여 '인성 스펙'이 되는 것이다. 그리고 그것들이 주위 사람들을 끌어당기고, 돈을 끌어당기며, 성공을 끌어당기는 힘이 될 것이다.

마지막으로 마케팅 및 셀프 매니지먼트 교육을 하면서 수강생들에게 주는 팁이 하나 있는데 소개하고자 한다. 홈비즈니스를 하면서 문제가 닥쳤을 때 쉽게 해결 방안을 찾을 수 있는 방법이다. 다음의 템플릿을 작성하는 것이다. 나 역시 사업을 하다가 문제가 발생할 때마다 이를 작성하며 해결 방안을 찾아왔다.

수강생들에게 이를 복사해서 가지고 다니면서 문제가 발생했을 때나 한계에 부딪혔을 때마다 작성하라고 한다. 그 결과 한 달 만에 자신의 업무에서 문제를 해결하고 좋은 성과를 냈다는 수강생도 있었고 막연하던 문제를 객관적으로 바라볼 수 있게 되었다는 수강생, 이를 통해 문제를 몇 번 해결하고 나니 앞으로 어떤 문제도 해결할 수 있겠다는 확신이 생겼다는 수강생도 있었다. 원하는 목표를 얻기 위해서는, 자신이 가진 한계와 문제가 닥쳤을 때 어떻게 받아들이고 해결하는지가 중요하다. 성공은 테크닉이 아니라 마인드의 변화에서 시작됨을 기억해야 한다.

1. 해결할 수 있는 방안 10가지	2. 해결할 수 있는 방안 10가지	3. 해결할 수 있는 방안 10가지
4. 해결할 수 있는 방안 10가지	현재 고민상황 8가지 1. 2. 3. 4. 5. 6. 7. 8.	5. 해결할 수 있는 방안 10가지
6. 해결할 수 있는 방안 10가지	7. 해결할 수 있는 방안 10가지	8. 해결할 수 있는 방안 10가지

나는 여태 이 문제에 왜 머물러 있었는지?	같은 문제에 어떻게 극복할 것인지?

문제 해결을 돕는 템플릿

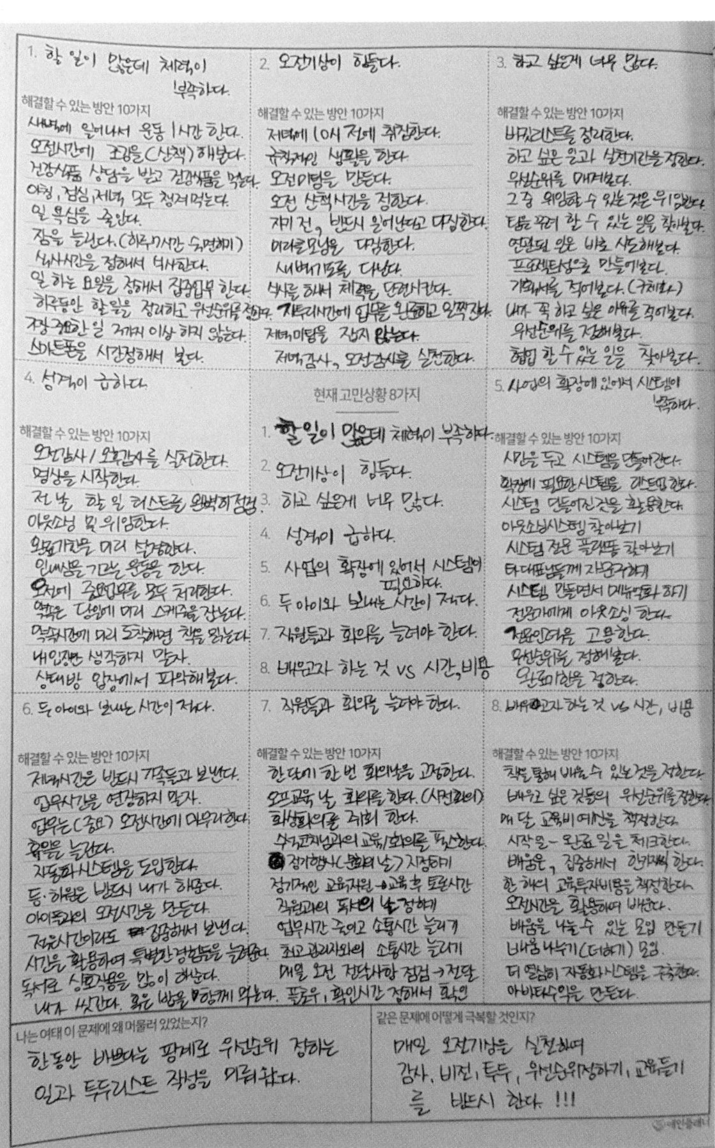

1. 할 일이 많은데 체력이 부족하다.

해결할 수 있는 방안 10가지

새벽에 일어나서 운동 1시간 한다.
오전시간에 조깅을(산책) 해본다.
건강식품 상담을 받고 건강식품을 먹는다.
아침, 점심, 저녁 모두 챙겨먹는다.
일 욕심을 줄인다.
잠을 늘린다. (하루 7시간 수면하기)
식사시간을 정해서 식사한다.
일 하는 요일을 정해서 집중업무 한다.
하루동안 할 일을 정리하고 우선순위를 정한다.
중요한 일 3가지 이상 하지 않는다.
스마트폰을 시간정해서 본다.

2. 오전기상이 힘들다.

해결할 수 있는 방안 10가지

저녁에 10시 전에 취침한다.
규칙적인 생활을 한다.
오전미팅을 만든다.
오전 산책시간을 정한다.
자기 전, 반드시 일어난다고 다짐한다.
미라클모닝을 다짐한다.
새벽기도를 다닌다.
식사를 해서 체력을 단련시킨다.
자투리시간에 업무를 완료하고 일찍 잔다.
저녁미팅을 잡지 않는다.
저녁감사, 오전감사를 실천한다.

3. 하고 싶은게 너무 많다.

해결할 수 있는 방안 10가지

버킷리스트를 정리한다.
하고 싶은 일과 실천기간을 정한다.
우선순위를 매겨본다.
그 중 위임할 수 있는 것은 위임한다.
팀을 꾸려 할 수 있는 일을 찾아본다.
연관된 일은 바로 시도해본다.
프로젝트성으로 만들어본다.
기획서를 적어본다. (구체화)
내가 꼭 하고 싶은 이유를 적어본다.
우선순위를 정해본다.
협업 할 수 있는 일을 찾아본다.

4. 성격이 급하다.

해결할 수 있는 방안 10가지

오전감사 / 오후감사를 실천한다.
명상을 시작한다.
전 날, 할 일 리스트를 완벽히 점검.
아웃소싱 및 위임한다.
오픈기한을 미리 설정한다.
인내심을 기르는 운동을 한다.
오전에 중요업무를 모두 처리한다.
약속은 당일에 미리 스케줄을 잡는다.
약속시간에 미리 도착하면 책을 읽는다.
내입장만 생각하지 말자.
상대방 입장에서 파악해본다.

현재 고민상황 8가지

1. 할 일이 많은데 체력이 부족하다.
2. 오전기상이 힘들다.
3. 하고 싶은게 너무 많다.
4. 성격이 급하다.
5. 사업의 확장에 있어서 시스템이 필요하다.
6. 두 아이와 보내는 시간이 적다.
7. 직원들과 회의를 늘려야 한다.
8. 배우고자 하는 것 VS 시간, 비용

5. 사업의 확장에 있어서 시스템이 부족하다.

해결할 수 있는 방안 10가지

시간을 두고 시스템을 만들어간다.
확장에 필요한 시스템을 리스트업 한다.
시스템 만들어진것을 활용한다.
아웃소싱시스템 찾아보기
시스템 잘된 플랫폼 찾아보기
타 대표님들께 자문구하기
시스템 만들면서 메뉴얼화 하기
전문가에게 아웃소싱 한다.
전문인력을 고용한다.
우선순위를 정해본다.
완료기한을 정한다.

6. 두 아이와 보내는 시간이 적다.

해결할 수 있는 방안 10가지

저녁시간은 반드시 가족들과 보낸다.
업무시간을 연장하지 말자.
업무는 (중요) 오전시간에 마무리한다.
휴일을 늘린다.
자동화시스템을 도입한다.
등·하원은 반드시 내가 해준다.
아이들과의 오전시간을 만든다.
적은시간이라도 집중해서 보낸다.
시간을 활용하여 특별한 경험들을 늘려준다.
독서로 상호작용을 많이 해준다.
내가 싸간다. 혹은 밥을 함께 먹는다.

7. 직원들과 회의를 늘려야 한다.

해결할 수 있는 방안 10가지

한 달에 한 번 회의날을 고정한다.
오프교육 날, 회의를 한다. (사전회의)
화상회의를 격회 한다.
수강관리자와의 교육/회의를 필수한다.
정기행사(문화의 날) 지정하기
정기적인 교육지원 → 교육 후 토론시간
직원과의 독서의 날 정하기
업무시간 줄이고 소통시간 늘리기
최고관리자와의 소통시간 늘리기
매일 오전 전달사항 점검 → 전달
피드백, 확인시간 정해서 확인

8. 배우고자 하는 것 VS 시간, 비용

해결할 수 있는 방안 10가지

책을 통해 배울 수 있는 것을 정한다.
배우고 싶은 것들의 우선순위를 정한다.
매 달 교육비 예산을 책정한다.
시작일 ~ 완료일을 체크한다.
배움은, 집중해서 한가지씩 한다.
한 해의 교육투자비용을 책정한다.
오전시간을 활용하여 배운다.
배움을 나눌 수 있는 모임 만들기
배움 나누기(더하기) 모임.
더 열심히 자동화시스템을 구축한다.
아비타수익을 만든다.

나는 여태 이 문제에 왜 머물러 있었는지?

한동안 바쁘다는 핑계로 우선순위 정하는 일과 투두리스트 작성을 미뤄왔다.

같은 문제에 어떻게 극복할 것인지?

매일 오전기상을 실천하며 감사, 비전, 투두, 우선순위정하기, 교육듣기를 반드시 한다 !!!

사업 확장으로 고민이 많았을 때 작성한 것

셀프 메시지

SELF MESSAGE

Q1. 사람들이 나를 존경할만한 이유가 있다면 그것은...

긍정적인 생각과 어떤 상황에서도 '포기'하지 않는 것.
늘 배우려고 하는 것.

Q2. 나는 다음과 같은 원칙에 따라 좋은 인생을 살려고 노력해왔다. 그 원칙은...

- 어떤 회사에 들어가더라도 '회사'에 이로운 사람이 될 것.
- '약자'의 편에 서서 외롭지 않도록 도울 것.
- 그 누구를 만나더라도 배울 점, 칭찬할 점을 찾고 장점은 닮도록 노력할 것.
- 항상 입장 바꿔 생각해 볼 것.
- 남의 눈에 눈물 나게 하는 사람은 언젠가 피눈물 흘리게 될 것이다.

Q3. 사람들이 내 인생을 들여다본다면 내가 다음과 같은 좋은 일들을 했다는 사실을 발견할 것이다. 그 일들은...

- 치매요양센터 봉사. 특수학교 봉사 - 아동복지센터 봉사/기부
- 독거노인 의료급식비 지원. - 왕따인 친구 찾아가서 친구되어주기
- 몸이 불편한 친구 괴롭히는 애들 막아주기.
- 세이브 더 칠드런 정기 기부 (1년)

Q4. 나를 좋은 사람으로 만들어주는 나의 장점은...

약자들을 도와주고 [illegible]하고 베풀고 같이 나누는걸 좋아한다.
항상 모든 것에 감사하려고 노력하고 긍정적으로
생각하려고 한다. 얘기를 들어주고 공감해주고
같이 울어주는게 좋다.

긍정적인 마인드로 바꿔주는 셀프 메시지

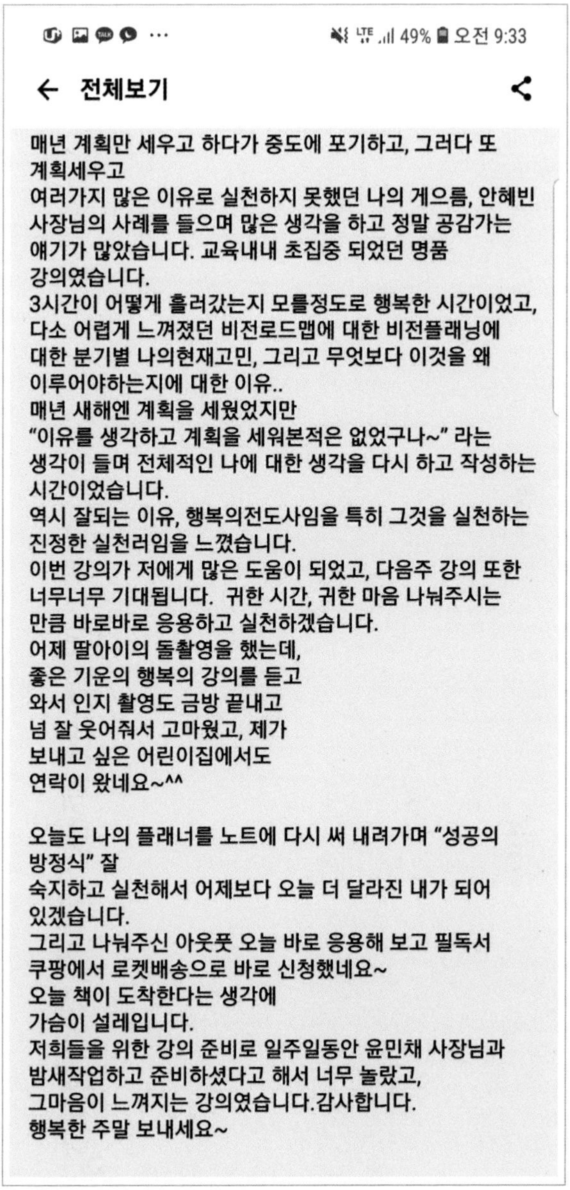

← 전체보기

매년 계획만 세우고 하다가 중도에 포기하고, 그러다 또
계획세우고
여러가지 많은 이유로 실천하지 못했던 나의 게으름, 안혜빈
사장님의 사례를 들으며 많은 생각을 하고 정말 공감가는
얘기가 많았습니다. 교육내내 초집중 되었던 명품
강의였습니다.
3시간이 어떻게 흘러갔는지 모를정도로 행복한 시간이었고,
다소 어렵게 느껴졌던 비전로드맵에 대한 비전플래닝에
대한 분기별 나의현재고민, 그리고 무엇보다 이것을 왜
이루어야하는지에 대한 이유..
매년 새해엔 계획을 세웠었지만
"이유를 생각하고 계획을 세워본적은 없었구나~" 라는
생각이 들며 전체적인 나에 대한 생각을 다시 하고 작성하는
시간이었습니다.
역시 잘되는 이유, 행복의전도사임을 특히 그것을 실천하는
진정한 실천러임을 느꼈습니다.
이번 강의가 저에게 많은 도움이 되었고, 다음주 강의 또한
너무너무 기대됩니다. 귀한 시간, 귀한 마음 나눠주시는
만큼 바로바로 응용하고 실천하겠습니다.
어제 딸아이의 돌촬영을 했는데,
좋은 기운의 행복의 강의를 듣고
와서 인지 촬영도 금방 끝내고
넘 잘 웃어줘서 고마웠고, 제가
보내고 싶은 어린이집에서도
연락이 왔네요~^^

오늘도 나의 플래너를 노트에 다시 써 내려가며 "성공의
방정식" 잘
숙지하고 실천해서 어제보다 오늘 더 달라진 내가 되어
있겠습니다.
그리고 나눠주신 아웃풋 오늘 바로 응용해 보고 필독서
쿠팡에서 로켓배송으로 바로 신청했네요~
오늘 책이 도착한다는 생각에
가슴이 설레입니다.
저희들을 위한 강의 준비로 일주일동안 윤민채 사장님과
밤새작업하고 준비하셨다고 해서 너무 놀랐고,
그마음이 느껴지는 강의였습니다.감사합니다.
행복한 주말 보내세요~

카톡으로 보내 온 수강생의 후기

연습 나의 문제 해결하기

- 홈비즈니스를 시작하기 전에 작성해보면 도움이 된다.
- 머리로만 생각하지 말고 직접 글로 적어야 효과가 있다.
- 한 번으로 끝이 아니라 문제들이 발생할 때마다 작성해보자. 생각한 것보다 문제가 크지 않음을, 당장 해결할 수 있음을 깨닫게 된다.

내 목표와 성공을 방해하고 있던 원인을 3가지 이상 찾아보자. 그리고 그 원인은 과연 나의 생각에 의해 부풀려진 것인지 사실인지 생각해보자.

위에 적은 원인들을 각각 어떻게 극복할 수 있는지 해결 방법을 적어보자.

위 요소들을 극복하여 내가 설정한 목표를 이루게 된 후의 내 모습과 달라진 내 상황, 주변 사람들에게 듣게 될 말들을 생생하게 상상하며 작성해보자.

독서:
성공한 사람들에게서 길을 찾다

내 인생의 모든 순간에는 늘 곁에 '책'이 있었다. 어린 나이에 사업에 뛰어들 수 있었던 것도 책 덕분이었다. 초등학교 시절 책을 가까이하면서 큰 업적을 이룬 분들의 삶을 통해 내 의식과 세계를 확장시킬 수 있었다. 위대한 업적을 이룬 사람들 중에는 특히 어린 시절부터 비즈니스에 일찍 뛰어든 사람들이 많았고 나 역시 사회생활을 빨리 시작하고 싶었다. 그래서 15살이 되자마자 전단지 아르바이트부터 시작했고 그때부터 경험한 다양한 아르바이트들이 결국은 창업의 토대가 되었다. 즉 사업에 뛰어들고 성공에 이를 수 있도록 최고의 멘토가 되어준 것이 바로 책이었다.

그뿐만이 아니었다. 힘든 순간에 위안을 준 것도 책이었고 어려운 순간에 좌절하거나 포기하지 않고 앞으로 나아갈 수 있도록 돌파구가 되어준 것도 책이었다. 초등학교 4학년 때쯤이었다. 3개월에 한 번씩은 얼굴을 보던 엄마가 6개월째 연락이 되지 않았다. 외가 친척들이 맹장 수술로 인해 엄마를 잠시 못 보는 것이라고 말했지만 아빠를 통해 사실은 엄마가 교통사고로 의식을 회복하지 못하는 상태라는 소식을 전해들을 수 있었다. 사실을 알게 된 후 나는 외가 친척들을 붙들고 제발 엄마를 보게 해 달라고 통곡하다시피 했다. 그렇게 힘들게 만난 엄마는 너무 낯설었다. 새하얀 병실에 머리를 다 민 채로 앉아계신 엄마는 심각한 교통사고로 뇌출혈이 와서 몸의 왼쪽 부분이 마비된 상태였다.

나를 너무 아껴주셨던 외할아버지의 갑작스런 죽음 후 불과 몇 년 만에 또다시 불행이 닥친 것이라 어렸던 나는 감당할 수 없을 만큼 슬프고 아팠다. 하지만 절대 아픈 엄마 앞에서 울지 않겠다고 약속한 터라 어린 나이였지만 울음을 꾹 참을 수밖에 없었다. 내 의지로 바꿀 수 있는 것은 아무것도 없었다. 내가 할 수 있는 일이라고는 씩씩하게 내 삶을 살아나가는 것뿐이었다. 그때 내게 의지가 되어준 것도 책이었다.

처음에는 필사적으로 위안을 주는 책에 매달렸다. 하지만 판타지나 로맨스, 만화책 같은 것들을 밤새어 읽곤 하다가 어느 순간 '이런 책들이 내 인생에 무슨 도움이 될까' 하는 생각이 들면서 허무해졌다. 이왕 독서를 할 거면 내 인생에 도움이 될 만한 책을 읽자는 생각으로 성공한 사람들의 전기를 찾아 읽기 시작했다. 책을 통해 대단한 부와 성공을 이룬 사람들의 삶을 들여다보면서 많은 생각을 하게 됐다. 특히 나보다 더 어렵고 힘든 상황에서도 삶을 성장시키고 성공을 쟁취한 사람들의 이야기를 접하면서 그들도 했는데 나도 할 수 있지 않을까 하는 생각이 들었다. 그전에는 힘든 일이 닥치면 '왜 나한테만 이런 일이 생기지?'라고 생각했다면, 책을 읽은 후에는 '지금의 어려움에 꺾이지 말자. 힘든 상황은 나를 성장시키는 기회가 되고 이 시기를 잘 견디면 분명 더 큰 성공을 얻어낼 수 있을 거야'라고 생각하게 되었다.

그렇게 한 권, 한 권 읽으면서 자존감은 높아지고 긍정적인 마인드, 미래지향적인 사고방식이 자연스럽게 형성이 되었다. 또한 처음에는 전기나 자기계발서만 읽었지만 차츰 심리, 인문 등 폭 넓은 독서를 하게 되었다. 인생의 책으로 꼽을 수 있는 책들도 많이 생겼다. 『꿈꾸는 다락방』은 지금도 인생의 책으로 꼽는다. "내가 지금 소형차를 몬다고 해서 내 꿈조차 소형차일 수는 없다"라는 책 속의 말을 가슴에 품은 후 나 역시 성공에 한 걸음 다가설 수 있었기 때문이다. 『놓치고 싶지 않은 나의 꿈 나의 인생』, 『여자라면 힐러리처럼』 등등 많은 책들이 나를 긍정적으로 바꿨고 내 인생 최고의 멘토가 되어주었다.

물론 책을 읽는다고 힘든 일이 나를 비껴가는 것은 아니었지만 힘든 일이 언제든 찾아오면 '잘된 사람들은 모두 힘든 시기를 겪었어. 그러니 나도 더 잘되려고 그런 거야, 이 또한 다 지나갈 거야'라고 생각할 수 있게 되었다. 하지만 내가 이런 이야기를 하고 독서의 중요성을 강조하면 많은 사람들은 이렇게 말한다. "책 살 돈이 없어서 책을 많이 못 읽어요"

혹은 "육아 때문에 책 읽을 시간이 없어요"라고. 그러나 이 역시 해결 방법을 책에서 찾을 수 있었다. 책을 읽지 못하는 이유가 있다면 '포기'할 것이 아니라 그럼에도 읽을 수 있는 '방법'을 고민해야 한다.

나는 임신 7개월 때 조산 위험으로 중환자실에 있었다. 당시 24시간 배에 기계가 연결되어 있어서 씻거나 움직이는 건 물론이고 물도 제대로 마시지 못했고 주는 것만 가만히 누워서 받아먹어야 하는 상황이었다. 그럼에도 그 시간이 너무 아까웠고 신랑에게 부탁해 병원 지하 서점에서 책을 사서 읽었다. 그러다가 '리디북스'에서 e-book을 사서 누워서 읽었다. 아픈데 책 읽을 정신이 있냐고 할 수도 있겠지만 아파서 책을 읽게 되었다. 아픈 와중에도 병원비를 걱정하는 내 처지가 속상했고 아무것도 하지 못한 채 쉬기만 해야 하는 상황이 답답해서 더 악착같이 책을 읽었다.

그러니 책을 못 읽는 상황이란 건 내가 만들어낸 상황에 불과하다. 내가 책 읽을 수 있는 상황과 시간을 어떻게든 만들어 낼 방법을 찾으면 된다. 아이를 키우느라 책 읽을 시간이 없다면 아이가 자는 시간에 휴대폰으로 전자책이라도 읽으면 된다. 요즘에는 밀리의 서재, 리디셀렉트 같은 전자책 대여 어플리케이션이 늘어나고 있는데 매월 일정한 금액을 지불하면 원하는 책을 휴대폰으로 언제 어디서든 읽을 수 있다. 거기 지불할 돈이 없다면 도서관으로 가면 된다. 도서관에서 회원증을 발급받으면 책을 빌리는 것은 물론이고 도서관의 전자책을 무료로 이용할 수 있다.

당장 시간이 없고 돈이 없어서 못 읽는다는 책이 결국은 시간과 돈을 벌어주는 무기가 될 수 있음을 안다면 주저할 이유가 있을까. 지금은 책이 아니더라도 내 인생에 훌륭한 지침서가 되어주는 좋은 멘토들이 많이 생겼다. 사업을 하면서 귀한 스승님들도 많이 만났다. 하지만 그럼에도 여전히 힘든 일이 생기거나 멘토님들을 바로 만나 뵐 수 없는 상황에서는 가장 먼저 책을 찾게 되고 책을 읽으면 어느 정도 해결점을 찾게 된다. 나는 매일매일 성공한 CEO를 만났다. 책을 통해. 그러니 여러분들도 책을 통해 자신이 걸어가고자 하는 분야의 성공한 이들을 만나보았으면 한다.

마지막으로 어떻게 책 읽기를 습관화할 것인가에 대해 한 가지 팁을 알려주고자 한다. 하버드 MBA 과정 졸업생들을 대상으로 한 연구가 있는데 졸업생 중 뚜렷한 목표를 세우고 이를 기록한 3%의 그룹과 뚜렷한 목표는 있으나 기록하지 않은 13% 그룹의 향후 10년간 삶을 추적한 것이다. 그 결과 뚜렷한 목표만 가지고 있었던 13%의 집단은 다른 졸업생들보다 평균 2배의 수입을 벌고 있었다. 더욱 놀라운 것은 목표를 세우고 기록까지 한 3%의 집단은 다른 졸업생들에 비해 10배 이상의 고소득을 올리고 있었던 것이다. 이를 통해 기록이 우리를 얼마나 목표에 빠르고 확실하게 도달시켜주는지 알 수 있다.

그러니 오늘부터 그냥 책을 읽어야겠다는 생각에만 그치지 말자. 당장 성공의 디딤돌이 되어 줄 '북킷리스트' 작성을 습관화하자. 그리고 책을 읽은 후에는 독서록을 작성하자. 책을 읽으며 깨달은 점, 되돌아본 것, 지금 바로 삶과 일에 적용할 점들을 꼼꼼히 기록으로 남기고 실천하

자. 그렇게만 하면 그 책은 온전히 나의 것이 될 것이며 책으로 얻은 내용들은 비즈니스의 성공을 앞당겨줄 것이다.

강의록 (독서록)

□ 중요한일 / 진행중 X 완료 ← 취소 → 연기

#	완료	적용할 점	실천기한
1	■		
2	■		
3	■		
4	■		

독서록 작성 템플릿

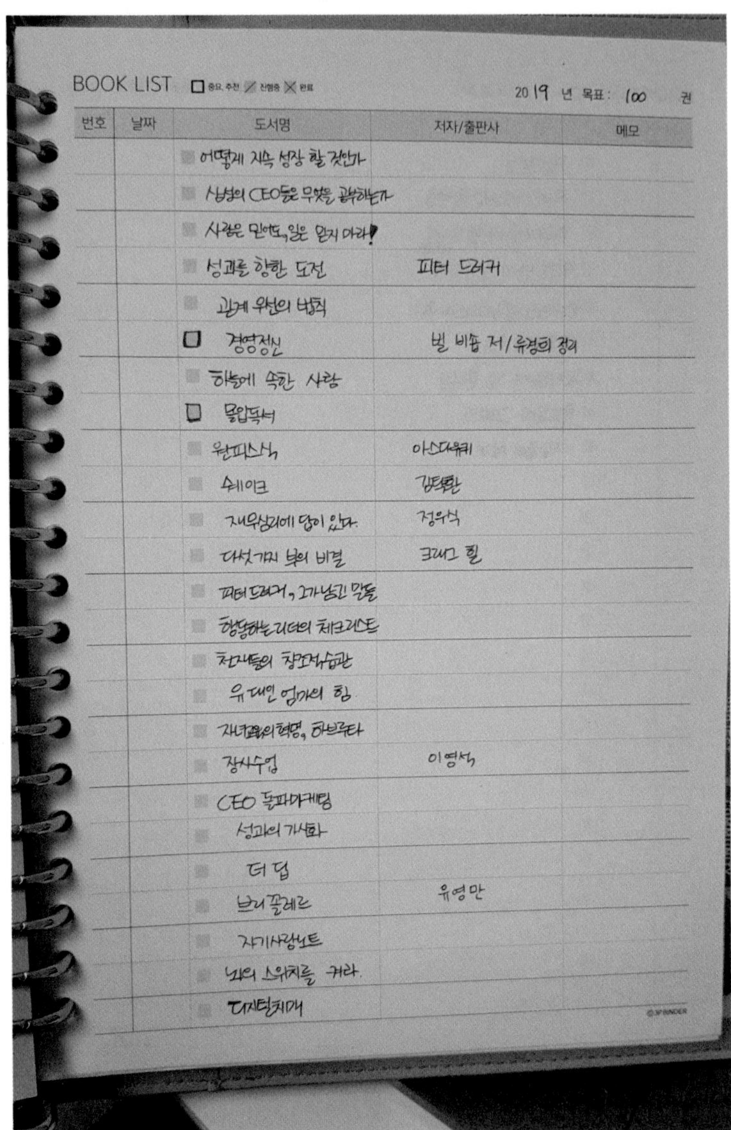

BOOK LIST □중요, 추천 ／진행중 ✕완료 2019 년 목표: 100 권

번호	날짜	도서명	저자/출판사	메모
		어떻게 지속 성장 할 것인가		
		삼성의 CEO들은 무엇을 공부하는가		
		사람은 믿어도, 일은 믿지 마라!		
		성과를 향한 도전	피터 드러커	
		관계 우선의 법칙		
		경영정신	빌 비숍 저/유정희 옮김	
		하늘에 속한 사람		
		몰입독서		
		원피스식	아스다유키	
		쉐이크	김도환	
		재무심리에 답이 있다.	정유석	
		다섯가지 부의 비결	크레그 힐	
		피터 드러커, 그가 남긴 말들		
		행동하는 리더의 체크리스트		
		천재들의 창조적 습관		
		유대인 엄마의 힘		
		자녀교육의 혁명, 하브루타		
		장사수업	이영석	
		CEO 돌파마케팅		
		성과의 가시화		
		더 딥		
		브리꼴레르	유영만	
		자기사랑노트		
		뇌의 스위치를 켜라.		
		디지털치매		

나의 2019년 북킷리스트 중 일부

연습 나의 북킷리스트 만들기

내 삶의 변화를 위해 꼭 읽고 싶은 북킷리스트를 10가지 이상 작성해보자. 그리고 그 책들을 3개월 안에 반드시 다 읽겠노라 다짐해보자! (아래 5권은 추천하는 책)

① 놓치고 싶지 않은 나의 꿈, 나의 인생(목표의식, 꿈)

② 꿈꾸는 다락방(동기부여, 자기계발)

③ 멈추지 마, 다시 꿈부터 써봐(목표의식, 동기부여)

④ 무한능력(목표의식, 동기부여)

⑤ 부자아빠 가난한 아빠(경제, 성공학)

⑥

⑦

⑧

⑨

⑩

내가 하고자 하는 홈비즈니스 사업에 도움이 되는 북킷리스트를 10가지 이상 작성해보자. 그리고 그 책들을 3개월 안에 반드시 다 읽겠노라 다짐해보자! (아래 5권은 추천하는 책)

① 일본전산 이야기(경영)

② 신기루의 법칙(전략, 세일즈)

③ 백만장자 메신저(나만의 지식, 경험 아이템 찾기)

④ 끌리는 사람은 매출이 다르다(처세, 세일즈)

⑤ SNS마케팅 한 방에 따라잡기(마케팅)

⑥

⑦

⑧

⑨

⑩

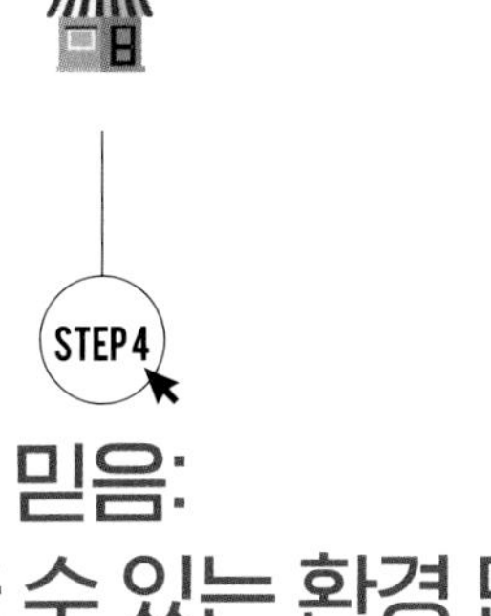

믿음:
내가 나를 믿을 수 있는 환경 만들기

우리는 누구나 성공을 꿈꾼다. 그리고 언젠가 나도 성공할 수 있고, 부자가 될 수 있다는 믿음을 안고 살아간다. 하지만 그러한 생각과 태도들이 그저 마음과 머릿속에만 머물러 있다면 원하는 미래는 결코 오지 않는다. 내가 아무것도 하지 않으면 아무 일도 일어나지 않는다. 로또 1등에 당첨되고 싶다면 최소한 천 원짜리 지폐 한 장을 들고 로또를 파는 가게에 가서 복권을 구매해야 한다. 그러니 성공하고 싶다면, 당장 오늘부터 성공을 생생하게 그려보고 필요한 실천 항목들을 계획하고 행동으로 하나씩 옮겨야 한다.

처음 서울에 와서 아르바이트를 하며 돈을 모으던 시절에는 밥 한 끼

넉넉하게 사 먹을 돈이 없었다. 제대로 세끼를 챙겨 먹는 것도 힘들어서 떡볶이 등으로 간단하게 끼니를 때우기도 했다. 하지만 반드시 성공하겠다는 꿈을 갖고 있었기에 성공했을 때의 내 모습을 항상 마음속으로 그려보았다. 성공한 후에 고급 레스토랑에서 사업 이야기를 나누며 식사하는 것을 꿈꾸었다. 꿈을 생생히 떠올리고 나자 당장 무엇이 필요한지 확실해졌다. 그런 고급 레스토랑에 걸맞은 식사 예절을 미리 갖추는 게 좋겠다는 생각이 든 것이다. 그래서 당장 인터넷을 찾아보고 관련 책을 빌려서 식사 예절을 완벽하게 익힐 수 있었다.

어느 날은 성공한 사람들이 대부분 사업상 이야기를 나누고 친목을 다지는 것으로 많이 활용하는 것이 골프라는 것을 알게 되었다. 성공한 미래를 꿈꾸다 보니 골프를 미리 배워두는 것도 좋겠다는 생각이 들었다. 그러나 당시 골프는 상당히 고급 스포츠였고 평범한 직장인이었던 내가 취미로 배울 여유는 없었다. 그렇다고 포기할 내가 아니었다. 돈을 내고 골프를 배울 수 없다면 일단 골프장 근처라도 가 봐야겠다고 생각했다. 그러던 중 골프장에서 캐디로 일할 수 있다는 것을 알게 됐는데 골프 지식을 쌓는 데 이보다 더 좋은 기회는 없다고 생각했다. 캐디가 되기 위해 3개월을 악착같이 공부해서 캐디로 일하게 되었고 그때의 경험 덕분에 지금은 골프에 대한 얕은 지식으로 대표님들과 이야기를 나누는 데 많은 도움이 되고 있다.

사소하다고 생각할 수도 있다. 하지만 나는 취미 생활까지도 내 꿈을 위해 선택하고 즐겼었다. 내 삶의 모든 부분들이 미래의 꿈을 위해 가동

되고 있는 것이다. 꿈은 갖고 있지만 꿈을 이루기 위한 여건이 충분치 않은 경우는 많다. 돈이 부족할 수도 있고 기회가 없을 수도 있다. 하지만 내가 그랬듯이, 포기하는 대신 '어떻게' 이룰 것인지 방법에 대해 고민하다 보면 기회는 얼마든지 만들 수 있다.

나는 이 책을 읽는 여러분들도 나와 같은 태도로 임해 5년 후, 10년 후 진정 자신이 원하는 목표를 이루시길 진심으로 바란다. 내가 10년 전 누군가의 책을 읽고 희망과 용기를 얻어 삶의 나침반으로 삼았듯이, 여러분들도 이 공식에 동참하여 목표를 이루시길 바란다. 오늘 하루를 무기력하게 보내면 과연 나의 고민이 해결될까? 내가 지금 하는 말, 나의 표정, 나의 생각, 나의 태도, 나의 행동들은 모두 미래의 성공에 직접적인 영향을 미친다. 그러니 아무리 힘들고 어려워도 나 자신을 비하하거나 함부로 행동하거나 내 꿈의 가치를 평가절하하지 말아야 한다. 내가 나를 믿지 못하고, 내가 나를 낮추며, 내가 나의 꿈을 허황된 것으로 말하는 순간, 내 미래 역시 별 볼 일 없는 것이 돼버린다.

그리고 나는 꿈을 이루기 위해 구체적으로 '꿈 보드'와 '꿈 노트'를 작성했다. 꿈 보드는 자신이 꿈꾸는 모든 것을 이미지로 만드는 것이다. 예를 들어 내가 사고 싶은 것, 내가 살고 싶은 집, 내가 벌고 싶은 돈, 내가 갖고 싶은 차, 내가 이루고 싶은 나의 모습 등등. 이런 것들을 콜라주를 하듯이 이미지로 나열해 둔다. 이미지로 만들어놓고 매일 들여다보면 내 꿈이 훨씬 생생해지고 그 꿈을 이루기 위한 노력도 구체화시킬 수 있다. 그리고 꿈 노트를 쓰고 꿈을 이루기 위해 무엇을 실천해야 하는지를 적어서 매일 행동에 옮기려 노력했다. 꿈 보드나 꿈 노트는 성공에 다다를 수 있도록 나를 인도해주었다. 남들이 코웃음을 치며 내 꿈을 비웃어도 흔들리지 않았다. 그저 확신을 갖고 꿈 보드와 꿈 노트를 만들면서 하루하루 충실하게 내 꿈에 다가섰다.

물론 꿈 보드와 꿈 노트에 기록한 대로 목표가 완벽히 이뤄지지 않거나 다른 방향으로 이뤄질 수도 있다. 그러나 "꿈이 크면 깨져도 조각이 크다"라는 말이 있다. 이런 것들을 만드는 이유는 '노력'의 목적이 크다. 나 역시 꿈 보드나 꿈 노트에 기록한 것들을 완벽하게 이뤄낸 것은 아니다. 그러나 여전히 현재 진행형이다. 기록한 많은 꿈 중 일부는 이뤄냈

꿈 보드

으며 목표한 것보다 훨씬 빠르게 이룬 것도 있다. 지금도 나는 꿈 보드와 꿈 노트를 만든다. 매년 내용이 달라지고 꿈의 크기도 커지지만 변하지 않는 건 확신을 갖고 실천해나가는 것이다. 여러분도 성공을 꿈꾼다면 꿈 보드와 꿈 노트를 만들어보기 바란다.

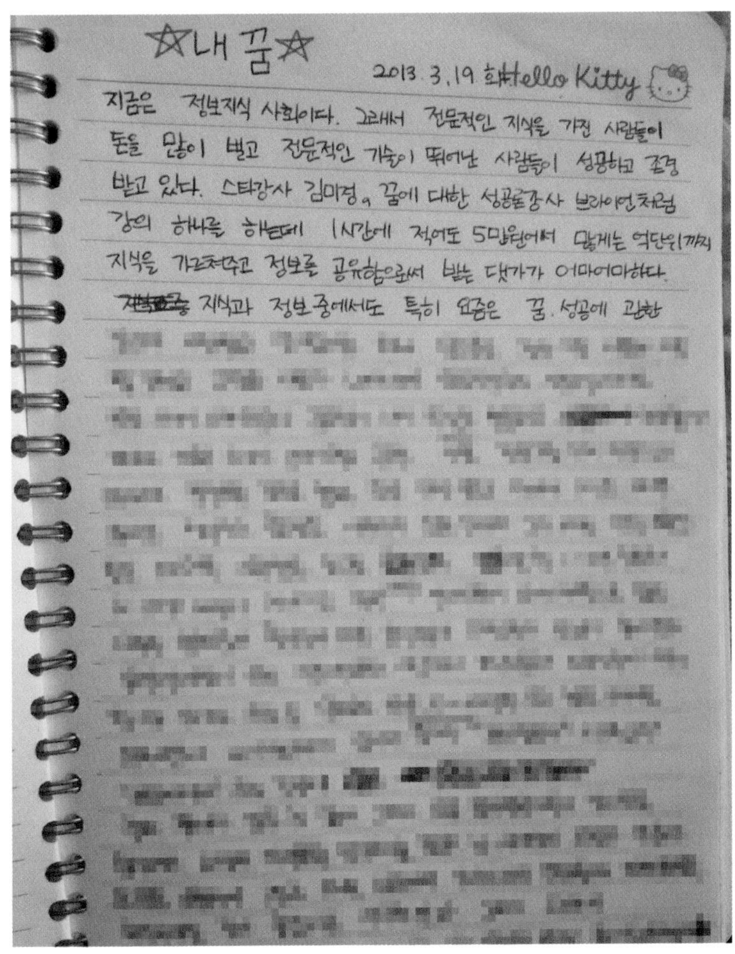
☆내 꿈☆

2013. 3. 19 화 Hello Kitty

지금은 정보지식 사회이다. 그래서 전문적인 지식을 가진 사람들이 돈을 많이 벌고 전문적인 기술이 뛰어난 사람들이 성공하고 존경 받고 있다. 스타강사 김미경, 꿈에 대한 성공학강사 브라이언처럼 강의 하나를 하는데 1시간에 적어도 5만원에서 많게는 억단위까지 지식을 가르쳐주고 정보를 공유함으로써 받는 댓가가 어마어마하다. 지식과 정보 중에서도 특히 요즘은 꿈, 성공에 관한

꿈 노트 중 일부

연습 나의 꿈 생생하게 그려보기

① 내가 가슴속 깊이 꿈꿔왔던 나의 미래를 상세히 그려보자. 예를 들어 희망 연봉, 자주 만나는 사람들, 살고 싶은 집(평수와 인테리어 등), 직업, 고객, 차(차종, 가격, 브랜드 등), 고객에게 듣게 될 말, 우리 가족에게 듣게 될 말, 꿈을 이룬 후 나의 감정 상태까지도 꼼꼼하게 기록해보자. 단, 현재 상황에 얽매이지 말고 앞으로 내가 해나갈 노력과 선택에 집중해서 적어보자.

② 나의 1년 후, 5년 후의 목표를 작성해보자. 각 목표를 이루기 위한 방법을 7가지씩 적어보고 그것을 언제까지 이룰 수 있는지도 적어보자.

STEP 5

도구:
내 인생의 터닝포인트 도구를 찾다

나는 강연을 가면 "저는 SNS를 10년 연구했습니다"라고 내 소개를 한다. 그러면 모두가 의아해한다. '나이가 어려 보이는데 10년 연구했다면 도대체 나이가 몇 살이야?'라는 반응이다. 내가 처음 SNS를 접한 건 10년도 넘었지만 목적을 갖고 SNS를 하기 시작한 건 10년 정도가 되었다.

중학생 무렵 취미로 시작한 SNS는 팍팍한 생활에서 유일한 탈출구였다. 당시 나는 전단지 아르바이트를 시작으로 인형탈 아르바이트, 마트 주차보조원, 홀 서빙, 화장품판매원, 방문판매원, 샵매니저, 캐디, 의류판매원, 김밥 판매 등등 16개 정도의 아르바이트 경험을 쌓았다. 투잡이나 쓰리잡이 기본이었을 정도로 하루 온종일 일에만 매달렸다. 그러다 보니 일에서 받는 스트레스를 풀 수 있는 취미 생활이 간절해졌고 SNS가 숨 쉴 수 있는 유일한 해방구였다.

어떤 사람들은 단순히 SNS 열풍에 편승한 것이 아니냐, 그저 우연히 얻어 걸린 것 아니냐는 의심의 눈초리도 보내곤 한다. 하지만 그저 SNS가 유행하니 그 흐름을 타고 우연하게 성공하게 된 것은 아니다. 비록 취미 생활이었지만 SNS를 통해 나는 화장품이나 맞춤 제작 향수를 판매했었다. 내가 직접 화장품이나 향수를 만드는 과정을 SNS에 기록했고 그걸 본 같은 반 친구들은 물론이고 다른 반, 다른 학교의 친구들이 내가 만든 제품을 사러 왔다. 인기가 좋아 잘 팔렸지만 이 일이 알려지면서 학교로부터 판매 중지 처분을 받기도 했었다. 당시엔 그것이 브랜드 마케팅이나 스토리텔링 마케팅임을 알지 못했고 그저 정성을 다해 만든 제품을 친구들에게 소개하기 위해 SNS를 이용한 것이다.

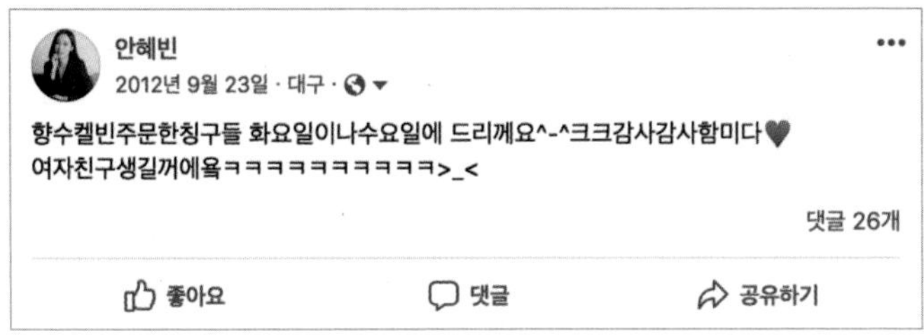

그 후 SNS를 본격적으로 공부하기 시작했다. SNS와 관련된 책들을 전부 찾아 읽고 SNS를 보다 효과적으로 활용할 수 있는 방법을 고민하고 시도해봤다. 충분한 준비를 갖춘 후 SNS 중 블로그를 시작했고 방문자 수는 빠른 속도로 증가했다. 물론 정체기도 있었고 노력하는 만큼 방문자가 늘지 않아 속상했던 적도 있었다. 하지만 그럴 때마다 SNS에서 영향력 있는 사람들을 찾아 그들을 연구했다. 나도 SNS에서 영향력 있는 사람이 되겠다는 목표가 뚜렷했기 때문이었다. 도대체 그들과 나의 차이는 뭘까, 사진이나 글 하나로 수많은 사람들을 끌어들이는 그런 힘이 어디서 나오는 것일까, 어떻게 하면 사람들이 좋아하고 즐겨 찾게 되는 것일까. 그렇게 유명인들의 SNS를 연구하다 보니 조금씩 SNS의 흐름이 보이고 사람들을 어떻게 끌어들이고 움직일 수 있는지 나만의 노하우와 경험도 쌓였다.

이처럼 SNS에서 처음으로 내가 가장 영향력을 발휘한 분야는 화장품이었다. 어릴 때부터 뷰티 분야에 대한 관심이 남달랐고 화장품 관련 일도 오래 했었다. 새로운 화장품을 사서 쓰고 비교하고 유명하진 않지만 효과가 좋은 화장품 정보들을 지인들과 나누기를 즐겼었다. 하지만 결혼과 육아로 일을 그만두고 남편이 버는 돈만으로 생활하게 되면서 이전처럼 화장품을 이것저것 사서 써 보는 일이 불가능해졌다. 화장품 하나를 사도 남편에게 물어봐야 했고 비싸지 않은 화장품도 맘 편히 사지 못해 점점 스트레스가 쌓였다. 게다가 나는 창문을 하염없이 바라보며 눈물을 뚝뚝 흘릴 정도로 지독한 산후우울증을 앓고 있었다.

이 모든 걸 한 번에 해결해준 것도 SNS였다. 오랫동안 SNS의 영향력에 대해 고민하면서 화장품 후기를 올렸던 것이 결실을 보게 된 것이다. 나는 일반적인 홍보글과 달리 글 하나를 쓰더라도 읽는 독자들의 입장에서 글을 썼다. 독자들이 원하는 성분에 대한 솔직한 정보나 사용감 위주로 글을 썼고, 화장품을 무료로 제공을 받더라도 거짓으로 좋다는 글을 쓰지는 않았다. 그렇게 신념을 갖되 마케터로서의 역할을 해내다 보니 구독자들이 빠르게 늘었다. 그리고 업체에서도 내 후기를 보고 연락을 해왔다. 화장품을 무료로 제공하는 것은 물론이고 글을 써서 올리면 비용도 지불된다고 했다. 더 이상 화장품을 사지 못해서 전전긍긍하지 않아도 되고 심지어 돈까지 벌게 된 것이다. 그렇게 나는 전문적으로 화장품 홍보용 글을 쓰면서 SNS를 통해 글 한 편당 10~20만 원씩 벌게 되었다.

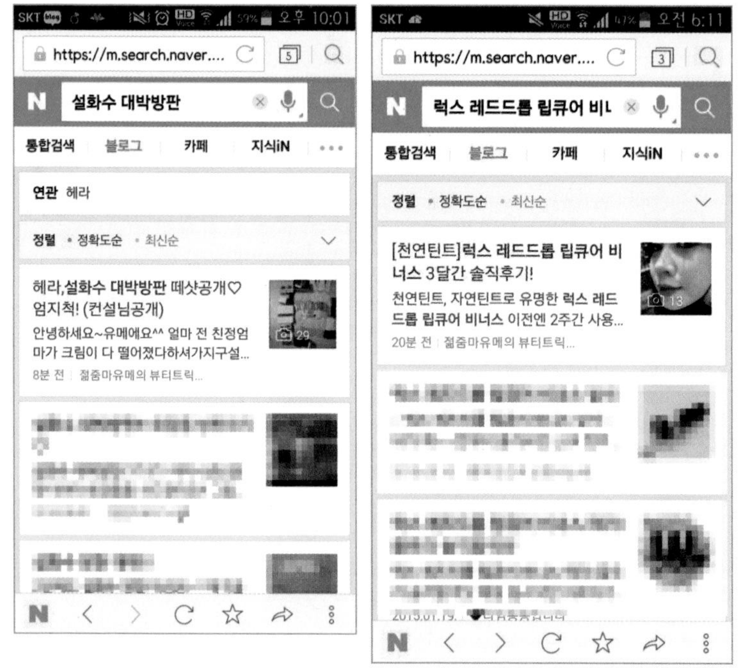

검색창에서 첫 번째로 보이는 것이 당시 운영하던 블로그 '유메의 뷰티트릭'

하루하루가 너무 재미있었다. 취미로 시작했지만 SNS에서 영향력을 발휘하기 위해 꾸준히 연구했었고 내가 좋아하는 콘텐츠(화장품 성분 지식)를 적극적으로 활용한 덕분에 결국 기회를 얻게 된 것이다. 우울증도 사라졌다. 한 손으로 아기 모유 수유를 하면서 한 손으로는 타자를 치고 있을 정도로 행복하고 피곤한 줄도 몰랐다.

그렇게 블로그 광고 대행으로 시작한 홈비즈니스가 건당 10만 원에서 20만 원, 30만 원으로 점차 올랐다. 곧이어 카페 광고 대행과 인스타그램 마케팅을 활용한 홈비즈니스 창업으로 수입은 100만 원이 되었고 이틀에 1,000만 원까지 수입을 올릴 수 있게 됐다. 이 모든 게 주부가 아이를 키우면서 홈비즈니스로 가능한 일이었다. 내가 너무나 사고 싶었던 제품을 판매하는 육아용품업체나 화장품업체에서 먼저 연락이 와서 제품을 써 달라고 했다. 내가 직접 번 돈으로 옷을 사고 카메라를 샀으며 가족들과 꿈꾸던 멋진 곳으로 여행도 다녀올 수도 있었다. SNS를 그냥 나의 일상으로 채우고 가볍게 소비만 했더라면 결코 얻지 못했을 결과였다.

요즘은 누구나 SNS 및 유튜브 채널을 하나 정도는 갖고 있다. 그저 스트레스를 해소하고 재미있는 것을 찾아보는 시간 때우기 용도로 활용하는 사람들이 많은 것이다. 그렇다면 지금부터라도 그 채널을 자신을 마케팅하는 용도로 바꾸어보자. 당장 홈비즈니스를 시작하지 않더라도 말이다. 예를 들어 취업을 준비하는 취준생이라면 SNS나 유튜브에 자신이 취업을 위해 배우거나 준비하고 있는 것, 자신의 장점을 드러낼 수

정보성 포스팅 상단 노출

포스팅 스케줄 기록하여 관리

있는 생활 패턴 등을 꾸준히 담을 수도 있을 것이다. 이것이 바로 자신의 포트폴리오가 되고 나중에 면접을 볼 때 면접관에게 가장 멋지게 자신을 마케팅하는 방법이 될 수 있는 것이다.

그리고 홈비즈니스를 시작하려는 분들이라면 지금부터 어떤 SNS 마케팅 채널로 어떤 홈비즈니스를 시작하고 싶은지 목표를 분명히 설정해야 한다. 다음의 과정을 통해 지금 바로 계획하고 준비해보자.

연습 SNS 채널로 홈비즈니스 시작하기

① 홈비즈니스를 시작하기 전 먼저 다음의 질문에 답해보자.

- 내가 사업(판매)을 한다면 가장 자신 있는 분야(카테고리)는 무엇인가? 이유는?

- 나는 어떤 일을 할 때 가장 집중하게 되는가? 이유는?

- 사람들이 나에 대해 알게 된다면 내가 다음과 같은 멋진 일들을 해냈다는 사실을 발견할 것이다. 그 일들은 어떤 것일까?

- 나의 장점 3가지와 그 이유는?

- 나의 단점 3가지와 그것을 개선할 방법은?

- 유료 콘텐츠(제품)를 판매하기 전에 무료 콘텐츠로 제공할 수 있는 것들을 리스트로 작성해보자.

- 내 고객들에게 처음으로 마케팅하면 좋을 상품은 무엇인가? 그리고 어떤 점 때문에 그 상품을 처음으로 마케팅하고 싶은가?

- 내가 판매하고자 하는 상품은 사람들에게 어떤 부분에서 특히 도움이 될까?

- 이 상품을 통해 고객들의 삶에 어떤 특별한 영향을 미칠 수 있을까?

- 이 상품이 기존 상품들(경쟁사 상품들)에 비해 특별히 더 좋은 점은?

- 이 상품의 가격은 얼마이며 이 가격이 적절한 이유는?

- 이 가격을 주고 이 상품을 구입하는 고객들은 이 상품이 어떠하다고 생각할까? 고객이 상품의 가격이 합리적이라고 생각할 수 있는 이유를 5가지 이상 작성해보자.

- 이 상품을 고객들이 지금 바로 구입해야 하는 이유는?

- 이 상품을 통해 1년 동안 당신이 이루고 싶은 목표를 작성해보자. 어떤 목표를 이룰 것이며, 고객들에게 어떤 영향을 미치고 싶은가?

- 내 상품이나 서비스가 최초인가? 최고인가? 그 이유는?

- 내가 이 상품을 판매하고 시간이 조금 흘렀을 때, 나에게 찾아오게 될 위기와 그 위기를 어떻게 극복할 것인지 위기극복플랜을 작성해보자(예를 들어 경쟁사가 빠르게 쫓아온다면? 내 상품을 완벽히 모방한 브랜드가 생기게 된다면? 고객들에게 예기치 못한 클레임을 받게 된다면? 등등).

- 내 사업을 성공적으로 이끌어 나가는 데 있어 도움을 줄 수 있는 멘토(혹은 롤모델)를 마인드, 업무의 전문성(스킬), 리더십, 경영 등 영역별로 5명 선정해보자.

② 현재 내가 가장 활발히 활동하고 있는 SNS는 어떤 채널인가? 그리고 그 채널을 활용해 홈비즈니스 사업을 한다면 어떤 아이템으로 창업을 하고 싶은가? 여기서 내가 하고자 하는 홈비즈니스 사업 아이템이 명확하고 그것을 마케팅할 채널이 명확한 분이시라면 축하드립니다. 홈비즈니스는 그렇게 시작됩니다.

인생 멘토 찾기

세계적으로 성공한 사람들의 스토리를 읽어라.
그들의 성공담에서 영감을 얻고 성공 전략을 알아내고,
그들의 마인드와 행동전략을 습득하라.
- 안혜빈 -

현재 나의 고민

분야	멘토	멘토에게 본 받을 점
정신/종교		
건강/삶		
일 (업무/기술)		
가정		

멘토라면 어떻게 하셨을까?

멘토를 만날 수 있는 방법을 찾아보자.

멘토에게 감사함을 전할 방법을 찾아보고,
지금 바로 감사함을 전해보자.

카톡, 블로그, SNS, E-mail 등

위기 극복에 도움이 되는 인생 멘토 찾기 템플릿

STEP 6

사업: 홈비즈니스, 하루 3시간으로 시작하다

평범한 주부였던 나는 취미로 시작한 SNS로 돈을 벌고 무자본으로 교육비만 들여 창업을 했다. 불과 1개월 만에 남편 월급을 거뜬히 뛰어넘었고 6개월 만에 이틀에 천만 원의 매출도 올리게 되면서 꿈에 그리던, 꿈꾸던 삶을 살게 되었다. 그러면서 한 가지 생각이 들었다. 이렇게 준비만 단단하게 하면 집에서도(홈비즈니스) 돈을 벌 수 있는 방법이 있는데 왜 힘들 거라고만 생각했었을까? 평범한 나도 했으니 누구나 제대로 해본다면 얼마든지 할 수 있다고 알려주고 싶다는 생각이 들었다. '나만 성공하면 됐지' 하는 생각 대신 '더 많은 사람들이 나처럼 홈비즈니스의 기쁨을 맛보았으면 좋겠다'는 바람이 생겼다. 누군가의 꿈을 지지하고 싶다는 생각으로 결국 협회를 만들었고 현재는 내 일을 하면서 나와 같은 평범한 사람들의 홈비즈니스 성공을 돕게 되었다.

주위를 둘러보면 삶이 불행하다고 느끼는 사람들의 대부분은 경제적인 문제를 안고 있는 경우가 많다. 내 주위 20~30대 여성 지인들이 결혼을 미루고 있는 이유 중 결혼 후 육아 등으로 인해 경력 단절 여성이 되는 삶이 두렵다거나 넉넉한 여건에서 결혼할 수 없어서인 경우가 많았다. 사랑만으로 결혼했다가 경제적인 문제로 이혼에 이르는 사람들도 너무나 많이 보았다. 돈이 인생의 전부는 될 수 없지만 살아가는 데 충분할 정도의 돈이 없다면 삶의 최소한의 행복도 누리지 못하는 것은 분명하다. 그래서 사람들은 돈을 벌고 성공하기 위해 노력한다. 나 역시 결혼 생활을 하면서 경제력을 가져야 한다는 생각을 했고 홈비즈니스로 경제적 안정은 물론이고 원하던 홈비즈니스 성공자의 삶까지 이룰 수 있었다.

협회를 운영하면서 예전의 나와 같은 처지의 사람들을 많이 만났다. 반신반의하면서 나를 찾아오는 사람들도 많다. 성공을 목표로 하지 않고 그저 최소한의 돈을 벌어도 좋으니 방법을 알려달라는 사람들도 많다. 그런 분들에게 희망을 안겨주고 싶다는 생각으로 협회를 만들었듯이 이 책을 통해 더 많은 사람들이 홈비즈니스로 자신의 꿈을 찾고 경제력을 가졌으면 한다.

일을 갖고는 있지만 직장에 매여 있는 시간만큼의 돈은 벌지 못하는 워킹맘, 자신의 시간을 좀 더 자유롭게 쓰면서 돈을 벌고 싶어 하는 여성들, 주부로만 생활하다가 사회생활에 대한 두려움이 커져 한 발도 못 떼는 사람들, 자존감이 낮고 스스로에 대한 확신이 없어서 어떻게 돈을 벌 수 있을지 고민만 하는 사람들. 이 모든 사람들에게 통하는 방법이 바로 홈비즈니스다.

여기서 홈비즈니스에 대해 짚고 넘어가자. 이름 그대로 홈비즈니스는 '집에서 할 수 있는 모든 비즈니스상품 및 서비스'를 뜻한다. 구체적으로 어떤 것들이 있을까? 최근 활발한 홈비즈니스 중 하나는 직장을 다니는 젊은 여성들이나 혹은 아이를 키우는 엄마들이 집에서 에스테틱 화장품을 직접 소싱하여 판매하는 형태이다. 나 역시 그렇게 홈비즈니스를 시작했다. 또한 설문조사, 글쓰기, 광고대행, 영상 편집자, 출장 뷰티, 교육컨설턴트, 프리랜서 마케터, 댓글 알바 같은 모든 유형의 재택 부업은 물론이고 콘텐츠 제작자나 유튜버, 지식창업가, 인플루언서, 1인 창업가 등이 모두 홈비즈니스에 해당한다.

세계적으로도 홈비즈니스가 빠르게 발달하고 있는 이유는 안정적인 인터넷 환경과 SNS의 활성화 때문이다. 그래서 시간과 공간을 초월해서 일을 할 수 있는 것이다. 굳이 직장에 나가지 않아도 혹은 직장을 다니고 있더라도 시간을 내서 따로 홈비즈니스를 할 수 있다. 사실 세계적인 수준의 인터넷 인프라를 갖추고 있는 우리나라야말로 홈비즈니스가 가장 잘 발달할 수 있는 곳이다.

홈비즈니스는 무한한 가능성을 품고 있다. 대기업에 비한다면 소규모로 비즈니스를 하는 것이라 비교도 되지 않는다고 생각할지도 모른다. 하지만 분명 대기업에 없는, 홈비즈니스만의 장점이 있다. 대기업들이 다수가 만족하는 제품이나 서비스를 만들어내느라 놓치는 소수의 소비자들을 바로 홈비즈니스에서 타깃으로 삼을 수 있다. 대기업의 단점이 홈비즈니스의 장점이 될 수 있는 것이다. 또한 스토리를 입혀서 강력한 브랜드 마케팅을 한다면 가장 효과적이면서 성공적인 홈비즈니스를 할 수 있게 된다. 특히 유튜브, SNS 마케팅을 통한 고객 가치 경영을 실천한다면 누구나 빠른 경제적 자립을 이룰 수 있다.

나는 특별한 사람이 아니다. 대단한 스펙이나 든든한 배경을 가진 것도 아니었다. 그럼에도 창업을 하고 단기간 목표 매출 이상을 이뤄낼 수 있었다. 수많은 사람들을 가르치고 여러 아이템을 적용하고 연구해보면서 한 가지 깨달은 것이 있다. 바로 '소수의 특별한 사람만 잘되는 것이 아닌, 특별한 방법과 나만의 아이템만 있다면 누구나 잘 통하는 사업 영역이 바로 홈비즈니스구나' 하는 것이다.

그리고 SNS에서는 방법만 알면 누구나 꿈을 이룰 수 있다. 당장 엄청난 성공을 거두지 않더라도 내가 진정으로 이루고 싶은 꿈, 원하는 미래를 얻기 위한 발판이 되어줄 수 있는 것이 SNS다. 프랜차이즈 창업처럼 적게는 몇 천에서 많게는 몇 억까지 자본을 들여야 하는 것도 아니고, 하루 평균 3시간 이상 마케팅에 투자해 수입을 얻을 수 있다면? 달라질 삶의 질을 생각해보자. 내가 했으니 여러분도 분명 할 수 있다. 이 책을 차근차근 읽으며 따라오다 보면, 어느 순간 SNS에서 자신의 새로운 가능성을 발견하고 지금보다 더 나은 삶 혹은 성공의 문턱에 가까이 다가

갈 수 있을 것이다.

홈비즈니스로 성공한 사례는 주변에서도 쉽게 찾아볼 수 있다. 대표적인 사례 5가지를 소개하고자 한다.

① 하우스왁싱

하우스왁싱은 서울의 핫 스팟 5곳에 위치하고 있는 국내 최고 프리미엄 왁싱 전문뷰티샵이다. 하우스왁싱의 권신영 대표님은 20대 중반에 하우스왁싱을 창업했다. 처음엔 사무실 없이 홈비즈니스로 시작했다. 해외에서 왁싱을 받아보고 국내 시장에서 왁싱 사업이 충분히 성공할 가능성이 있다고 판단한 권신영 대표님은 단돈 500만 원의 창업비용으로 왁싱브랜드를 시작했다. 그리고 자신만의 고객 중심 서비스와 왁싱 노하우를 살려 국내 최초 프리미엄 왁싱 뷰티샵을 오픈했고 온라인 마케팅을 접목시켜서 우수한 매출을 내고 있는 것은 물론이고 자신과 같은 꿈을 가진 멘티들을 양성하고 있다. 홈비즈니스로 시작한 하우스왁싱은 왁싱만으로 뷰티업계에서 꿈의 매출을 달성했다. 물론 창업 후 수많은 고비들도 있었지만 권신영 대표님은 위기의 순간조차 새로운 기회로 생각했으며 오로지 홈비즈니스(출장제, 예약제)로 시작해서 왕십리에 첫 매장을 오픈하고 점점 지점을 늘려갔다. 이후 〈겟잇뷰티〉나 〈더바디쇼〉 같은 국내 유명 뷰티프로그램에 출연하며 '국내 최고의 왁싱 전문가'라는 타이틀을 달 정도로 인지도를 높일 수 있었다. 또한 권신영 대표님은 자신만의 특화된 분야를 확보해서

인그로운헤어 전문가로도 자리매김했으며 현재는 왁싱샵의 대표들이 직접 찾아와 교육을 받는 왁싱 교육 전문가로서도 성공 신화를 써 가고 있다.

② 바이미타로

타로를 '잠재의식을 비추는 거울'이라고 소개하는 바이미타로의 김 대표는 육아 중 인스타그램으로 창업하여 현재 안정적인 수익을 창출하고 있다. 인스타그램으로 마케팅을 하고 소식을 전하며, 플러스친구로 단골 고객을 위한 CVM 마케팅을 제대로 실현 중이다. 특히 김 대표는 "나도 모르는 나의 속마음인 잠재의식을 통해 모든 문제의 해결책을 찾을 수 있습니다. 좋은 결과에는 더 좋아질 수 있는 조언을, 좋지 않은 결과에는 화를 피할 수 있는 조언을 통해 결과 중심이 아닌 '해결중심' 힐링타로를 지향하고 있는 바이미타로입니다"라고 자신의 브랜드를 소개한다. 이처럼 자신의 타로 브랜드 지향점을 명확하게 고객과 함께 공유하고 있는 것이다.

김 대표는 홈비즈니스 창업 후 현재 육아를 하는 엄마로서도, 타로브랜드를 운영하는 대표로서도 만족도 높은 삶을 살고 있다고 한다. 김 대표에게 타로점을 본 고객들은 대부분 단골 고객이 될 정도로 높은 만족도를 보이는데 이는 인스타그램을 통해 투명하게 확인할 수 있다.

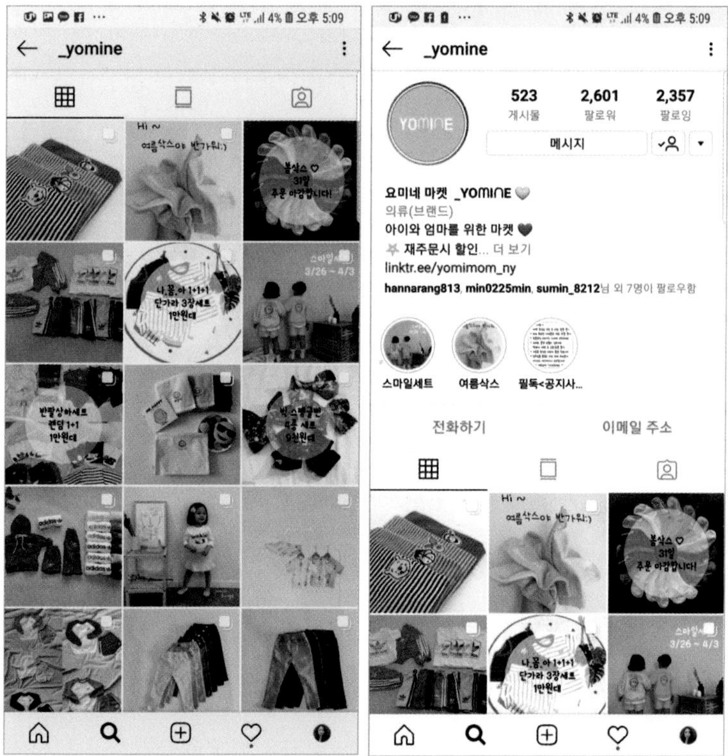

③ 요미네 마켓

처음에 "집에서 아이를 기르며 할 수 있는 일이 뭐가 있을까요?"라고 질문을 던졌던 요미네 마켓의 정 대표는 현재 아르바이트로 버는 금액 이상을 홈비즈니스를 통해 얻고 있다. 평소 아이들이 편하게 입을 수 있는 옷, 엄마들이 코디 걱정 없이 편하게 입힐 수 있는 아이 옷에 관심이 많던 정 대표는 2018년도 인스타그램을 통해 요미네 마켓을 창업하여 현재 많은 엄마들이 만족해하는 성공적인 마켓으로 자리 잡았다.

④ 월비공구

한 달에 딱 몇 번, 한정 기간만 진행되는 데도 인기 폭발인 월비공구는 "나는 집에서 예뻐진다"라는 모토를 내걸고 있다. 승무원이라는 본업을 가진 김 대표는 월비공구를 통해 뷰티, 헬스 카테고리에서 효과적이고 저렴한 가격의 제품들만 공동구매를 진행하고 있다. 처음 김 대표는 직장인으로 투잡을 고민하며 나를 찾아왔었다. 현재는 직장생활을 하면서도 4일 동안 공동구매로 190만 원 매출을 낼 정도로 공동구매 창업으로 성공을 거두었다. 처음에는 오로지 인스타그램으로 시작했는데 현재는 블로그의 장점과 시너지를 내며 성공적으로 공동구매를 진행하고 있다. 사실 가르치면서도 제품을 워낙 잘 소싱하는 분이라 나 역시 단골 고객이 되버린 사례이다.

⑤ 랩미인

나는 강의를 할 때마다 "인스타그램으로 처음 브랜드 마케팅을 시작하는 사람이라면 '랩미인'의 초기 계정 운영 방식을 꼭 참고하면 좋겠다"라고 소개한다. 랩원피스 브랜드인 랩미인은 브랜드를 창업하고 오프라인 매장 없이 인스타그램과 블로그의 장점을 결합하여 마케팅 시너지를 내며 키워왔다. 현재는 현대백화점 등 유명 백화점에도 팝업스토어를 열 정도로 규모가 커졌다. 랩원피스를 사랑하는 사람들, 혹은 랩원피스를 처음 구입하는 사람들 사이에선 이미 입소문이 난 브랜드가 되었다. 뛰어난 제품만큼이나 따뜻한 '고객 가치 경영 마케팅'을 실현하며 성장한 브랜드라 한 번 구매한 고객들은 어김없이 단골 고객이 된다.

이처럼 홈비즈니스의 위력은 대단하다. 지금도 수많은 사람들이 홈비즈니스를 시작하고 있으며 나의 성공 사례를 뒤따르고자 수많은 수강생들이 홈비즈니스에 뛰어들고 있다. 다만 한 가지는 꼭 약속하고 시작해야 한다. 한 번 해서 안 된다고 쉽게 포기하지 말아야 한다. 결국 성공은 방법의 문제라기보다는 끈기그릿, grit의 문제이다. 그러니 하루 3~4시간씩 꾸준히 해나가야 한다. 목표 매출이나 회사의 성장 크기, 분야에 따라 하루에 투자하는 시간이 더 늘어날 수도 있다. 하루 3~4시간은 온전하게 몰입하는 시간을 뜻하며 그 시간만큼은 꾸준히 지속해나가야 한다. 힘든 순간이 와도 '나는 무조건 해낼 것이다', '나는 잘 해내고 있는 중이다'와 같이 긍정 확언들을 해나가면서 자신을 믿고 노력을 지속해야 한다. 홈비즈니스도 창업이다. 가벼운 마음이 아니라 나의 전부를 걸고 시작해야 한다.

홈비즈니스는 누구나 할 수 있지만 아무나 해내지는 못한다. 이 일을 해내는 사람들은 주어진 시간 동안 사업가와 같은 마인드로 생각하고 자신의 역량을 개발하며 사업을 확장시켜 나간다. 그렇게만 한다면 홈비즈니스로 시작해서 오프라인으로까지 빠르게 사업을 키워나갈 수 있을 것이다.

홈비즈니스를 성공시키기 위해서는 명확한 목표를 설정하고 '사업 계획서'를 만드는 것이 도움이 된다. 나는 3번의 창업 중 두 번의 창업에서 실패를 맛봐야 했다. 그 과정에서 두려움도 생겼고 무작정 창업을 하는 것이 얼마나 위험한지도 깨닫게 됐다. 그래서 세 번째 사업을 시작할 때는 사업 계획서를 작성했다. 사업 계획서라고 하면 거창하게 생각해서 어려워하는 분들이 많지만 목표만 명확하게 설정하면 된다. 내가 당시 생각했던 목표는 '2~30대 여성들의 자유'였다. 어떻게 하면 여성들이 자유롭게 집에서 일하면서 수익을 창출할 수 있을까를 고민했다. 먼저 3년간의 목표를 설정했다. 그리고 연도별로 한 해의 10대 목표를 작성했는데 나의 경우 '방송 출연하기', '나를 통해 삶의 변화를 경험한 사람 1,000명 만들기', '홈커머스 문화 만들기', '유튜브 구독자 1만 명 만들기'와 같은 것들이었다. 또한 매년 그 10가지 목표를 이루기 위해 매달 무엇을 해야 하는지 4주로 나누어 매주의 계획을 작성했다. 즉 꿈은 크게 잡고 목표와 계획은 아주 잘게 나누는 것이다. 이런 식으로 사업 계획서를 작성하면 매주의 계획들을 실천하면서 한 해의 10가지 목표에 다가설 수 있고 그렇게 3년의 목표에도 다다를 수 있게 된다.

그리고 다음 장부터는 홈비즈니스뿐만 아니라 개인 브랜딩 및 1인 창업가들에게 꼭 필요한 브랜드 마케팅 및 관계 마케팅에 대해 다룰 것이다. 나는 이것을 CVM 마케팅이라고 부른다. 앞으로 나오는 내용은 성공 사례들을 연구하고 마케팅 교육비에만 수천만 원을 들여 필자가 직접 적용해보고 빠르고 확실하게 효과를 본 방법들이다. 또한 1년 동안 약 500명이 넘는 수강생들이 직접 적용해서 효과를 본 방법들이니 믿고 적용해보시기 바란다. 업종별로 조금씩 다를 수는 있으나, 확실한 것은 나의 브랜드 스토리에 명확한 비전과 가치를 공유하며, 그것을 통해 충성고객을 확보하는 방법이다. 분명한 것은 나와 우리 수강생들은 이 방법을 통해 본인의 한계라고 생각했던 수익에서 광고비 0원으로 10배, 100배 이상의 최고 매출을 기록할 수 있었다. 나의 목표 금액이 클수록, 더 많은 시간과 노력이 투자되어야 하는 것은 분명하다. 지금부터 그 방법을 함께 실천하며, 목표를 이룰 준비가 되었는가?

★ HOME BUSINESS ★

CHAPTER 2

홈비즈니스와 인스타그램 마케팅의 모든 것

뉴비즈니스모델을 가장 빠르게 홍보하다 #인스타그램

홈비즈니스 중에서도 적은 시간을 투자하고 많이 벌 수 있는 방법이 있다면 그걸 하지 않을 사람이 있을까? 시간과 노력을 많이 쓰지 않더라도 비교적 어렵지 않게 마케팅하고 많은 돈을 벌 수 있는 것이 바로 SNS이며 그중에서도 가장 쉽고 간단한 것이 바로 인스타그램이다.

내가 처음부터 인스타그램만 경험했다면 아마도 자신 있게 인스타그램만 좋다고 할 수 없었을 것이다. 하지만 다른 SNS를 이미 경험하고 실패도 겪으면서 마케팅과 판매에 가장 유용한 SNS가 무엇인지 명확하게 알게 됐다. 내가 홈비즈니스를 가장 먼저 시작한 곳은 블로그였다. 하루 5시간, 많게는 10시간까지 투자해서 블로그에 공을 들였고 방문자 수가

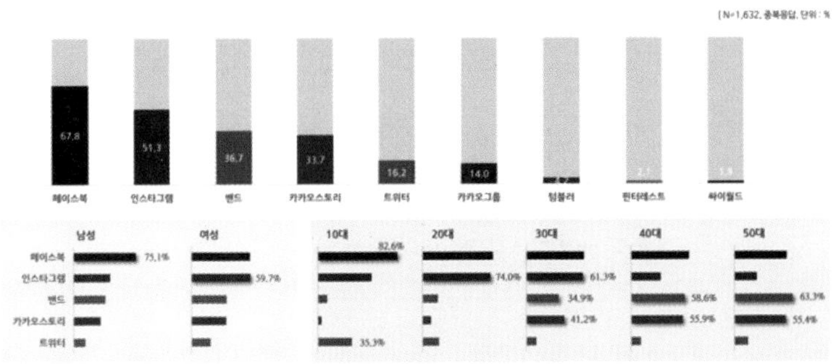

출처 - 나스미디어

하루 2천 명씩 늘어날 정도로 급속도로 블로그를 확장시킬 수 있었다. 그 결과 광고 홍보글 하나에 30만 원까지 받을 정도로 내 채널의 가치를 올릴 수 있었다.

하지만 일이 잘 풀린다 싶었던 시기에 갑작스레 급제동이 걸렸다. 글을 썼다 하면 상위에 노출이 되다 보니 많은 사람들이 내 블로그를 방문했고 이를 경계한 동종업계 업체의 공격으로 상업적 블로그로 인지되면서 더 이상 상위에 노출되지 않게 되었다. 하루아침에 방문자 수가 급격히 하락해 판매도 바닥을 치게 된 것이다. 오랜 시간 많은 노력을 들여서 키운 블로그였기에 좌절도 컸다. 블로그 자체가 하루아침에 성장할 수 없다는 것을 잘 알고 있었기 때문에 다시 시작할 엄두도 나지 않았고 상위 노출이라는 걸림돌이 있는 한 블로그에서 지속적으로 마케팅 및 판매를 하는 것은 어렵다고 판단했다.

요즘 많이 하는 유튜브 역시 마찬가지다. 블로그처럼 많은 시간을 들여야 한다. 콘텐츠를 구성하고 영상을 촬영하고 편집하고 올리는 시간을 따져본 후 확장성에 있어서 부족함을 느꼈다. 더 빠르게 마케팅하고 판매할 수 있는 SNS가 필요했고 그게 바로 인스타그램이었다.

물론 유튜브와 블로그도 같이 한다면 더 많은 시너지를 낼 수 있다. 이는 뒤에서 더 자세히 다루도록 하겠다.

인스타그램은 블로그와 달리 즉각적인 반응이 왔다. 블로그가 한두 달 키워야 서서히 방문자가 늘어나는 반면 인스타그램은 내가 어떻게 하느냐에 따라 하루 만에 잠재고객이 급증하고 판매 성과도 바로바로 나타났다. 물론 마케팅 기법들을 잘 활용했을 때이다. 인스타그램에서 창업을 해서 성공한 주부들도 많이 보게 됐고 내 브랜드를 빠르게 알리는 데 가장 적합한 것이 인스타그램이라는 확신이 생기면서 인스타그램을 집중적으로 공부하고 파고들었다. 그 과정을 통해 인스타그램에서 돈을 벌기 위해서는 무엇이 필요한지, 어떻게 해야 하는지에 대해 명확하게 알게 됐다.

무엇보다 인스타그램은 쉽다. PC를 활용하지 않더라도 모바일 환경에서 누구나 쉽게 가입하고 어렵지 않게 이용할 수 있다. 비즈니스나 마케팅에 대한 지식이나 감각이 없는 학생들이나 육아만 하다가 이제 막 사회로 나가 일을 시작해보려는 주부들이 접근하기 쉬운 이유다. 사진과 간단한 글로 쉽게 일상을 기록하고 공유할 수 있다. 직장을 다니는 워킹맘이나 육아에 하루 종일 얽매여 있는 주부들도 하루 3~4시간 정도 만 내면 충분히 할 수 있다.

게다가 블로그처럼 오랜 시간 투자해서 성장시켜야 검색어에 노출이 잘되는 것도 아니다. 인스타그램을 1년간 키워서 팔로워가 많은 사람이나 어제 인스타그램을 시작해서 팔로워가 아주 적은 사람이나 똑같은 상품을 올리면 똑같이 노출이 된다. 그러니 누구에게나 공평한 기회가 주어진다. 그야말로 '전략'의 차이가 '판매'를 결정하게 되는 것이다.

그래서 나는 "어떤 채널로 홈비즈니스를 시작해야 할까요?"라고 묻는 사람들에게 인스타그램을 권한다. 그뿐만 아니라 지금 현재 블로그나 카페 등을 통해 마케팅을 하는 사람들에게도 같은 돈과 시간을 투자할 거라면 인스타그램이 훨씬 빠르고 효과적이라고 추천한다. 물론 인스타그램으로 하루아침에 일확천금을 얻는 것은 불가능하다. 나도 인스타그램으로 일정 수익을 얻기까지 시간이 걸렸고 꾸준한 노력을 했었다. 그렇기에 여러분 역시 그런 마인드로 접근해야 한다. 다만 다른 마케팅 채널에 비해 확장성이 뛰어나며 기회가 공평하게 주어진다는 점, 즉각적으로 반응을 이끌어 낼 수 있는 점은 인스타그램의 가장 큰 장점임을 강조하고 싶다.

그리고 인스타그램과 블로그, 카페, 페이스북, 유튜브 각 채널별 용도와 마케팅 활용 방법 및 큰 효과를 볼 수 있는 아이템 영역들이 다 다르기 때문에 해당 내용은 뒤에서 더 자세히 알려드리고자 한다.

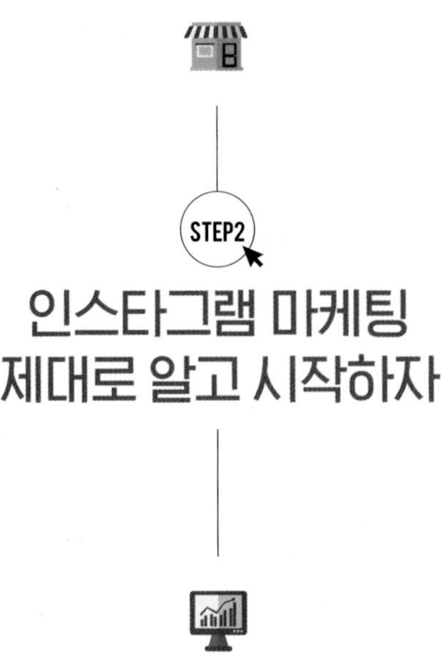

인스타그램 마케팅 제대로 알고 시작하자

1) 돈 사진으로 난무하는 재택부업! 뭘까? #재택부업학개론

SNS로 부업을 시작한다는 것은 광고대행사에서 부업을 받아서 홍보글을 올리는 것을 말한다. 이는 인스타그램이나 블로그나 마찬가지다. 수많은 광고대행사(재택부업회사)에서는 재택근무자들을 모집한다. 보통 그냥 일을 주는 것이 아니라 '초기 가입 비용'을 받고 모집한다. 인스타그램으로 부업을 하든 블로그로 부업을 하든 광고대행사를 통해 부업을 시작할 때는 이 초기 가입 비용을 지불하게 되는데, 보통 10만 원~1,000만 원까지 초기 비용이 책정되어 있다.

초기 비용을 낸 후에는 광고대행사가 광고주들에게 광고를 받아서 자사 홈페이지나 카페 등에 '광고해야 할 상품'을 올려 놓게 된다. 그러면 SNS로 재택 부업을 하는 사람들이 그 상품으로 자신의 블로그나 카페 혹은 인스타그램에 홍보글을 쓰는 것이다. 그리고 홍보글 개수에 따라 개당 1,500원~2,000원 정도의 비용을 받게 된다.

한 가지 유의해야 할 것은 광고대행사(재택부업회사)를 통해 재택 부업을 하는 경우에 마케팅 수당(리셀러 수익)이라는 것이 있는데, 이것이 주력 수입이 되어서는 안 된다. 헷갈리지 말아야 할 것은 상품의 홍보 대가로 받는 돈이 아니라 업체를 홍보하는 대가로 받는 돈이라고 할 수 있다. 즉 누군가에게 재택 부업을 추천하고 그 사람이 나를 추천인으로 지목하면, 광고대행사로부터 초기 가입 비용의 40%, 많게는 80%까지를 마케팅 수당(리셀러 수익)으로 받게 된다. 예를 들어 초기 가입 비용 100만 원을 내고 재택 부업을 시작했고 마케팅 수당(리셀러 수익)이 80%인 경우라면 내가 한 사람을 추천해서 그 사람이 추천인으로 나를 쓰게 되면 나는 초기 가입 비용의 80%에 해당하는 80만 원을 벌게 되는 것이다. 그래서 이 홍보 수당 때문에 사람을 모집하는 일에만 매달리는 경우도 발생한다. 결국 사람 모집이 나의 수익이 되는 것이며 이렇게 되면 1년 후에도, 3년 후에도 계속 사람만 모집하는 악순환이 반복될 수 있다.

이러한 재택부업회사를 통한 재택부업은 빨리 큰돈을 벌기 위해 하는 경우가 많다 보니 가입 후 연락을 끊거나, 수익을 부풀리고 조작하여 올리라고 가르치는 마케팅 업체들도 있다. 재택부업회사는 네트워크 사업과 비슷한 듯하지만 수익 구조 부분에서 다르다. 주로 쇼핑몰판매 부업시스템이나 글쓰기 광고 대행 부업, 사진 부업, 마케팅프로그램 제휴 부업, SNS광고대행 부업 등 잘 갖추어진 온라인 부업회사는 명확한 부업시스템으로 회원들이 부수익을 얻을 수 있는 시스템을 갖추고 있다.

사실 재택부업회사 내부의 수익시스템을 보면 부수익만으로도 적게는 월 30만 원에서 많게는 600만 원까지 부업 수익을 내는 긍정적 사례들도 있으나 위 사례처럼 "수익 조작이나 돈뭉치 사진을 올리세요."라는 말을 정당한 행위처럼 가르치고 그러한 분위기를 조성하는 일부의 사람들로 인해 재택부업 자체의 이미지가 굉장히 안 좋아지고 있다. 실제 회사의 부수익 시스템은 가르쳐주는 사람도, 하고 있는 사람도 모르는 경우가 많다. 이로 인해 재택부업회사에서도 회사가 아닌 '사람'만을 믿고 선택하여 피해를 보는 사례들이 생겨나고 있다.

이 부분은 재택부업회사 자체적으로도 과대광고를 단속하고 있기는 하나 쉽지 않다고 한다. 분명한 것은 재택부업을 개인이 초기 비용 없이 재택 창업으로 시작하는 방법이 있다는 점과 부업회사를 통해 진행하게 된다면 사람보다 먼저 회사를 꼼꼼하게 알아보고 선택해야 한다는 점이다. 그래야 매달 직장을 다니는 것보다 만족스러운 부업을 할 수 있을 것이다.

우리 협회에서 브랜드 마케팅과 홈비즈니스를 전문적으로 배우고 있는 재택부업 수강생들에게도 늘 강조하는 것 중 하나가 바로 인스타그램으로 부업을 할 때 수익 조작을 하지 말라는 점과 타인의 수익을 보지 말라는 것이다. 수익에 현혹되지 말아야 한다. 부업회사를 선택하고 추천인을 찾는다면 그 사람의 해당 분야 전문성과 생활, 나에게 제대로 된 가이드 역할을 해 줄 수 있는지 등을 명확하게 검토하고 판단해야 한다. 시간을 들여 추천인의 SNS를 꼼꼼히 살펴보고 상담을 받아본다면 답을 찾을 수 있을 것이다.

그리고 그보다 먼저 내가 직접 할 수 있는 홈비즈니스 사례를 찾는다면 나에게 꼭 맞는 옷을 입은 것처럼 재택 창업을 성공할 수 있을 것이다.

실제로 우리 수강생 중 '랄라수'라는 온라인쇼핑몰을 창업한 이승미 대표의 경우 재택부업회사와 재택 창업을 현명하게 콜라보하여 현재 모집 없이 판매 매출로만 평균 800만 원~900만 원대의 수익을 내고 있다. 아이 둘을 키우면서 위탁판매와 온라인 쇼핑몰 대표로서 성공적으로 자리매김을 하고 있는 중이다. 또한 둘째를 임신했을 때부터 공부하고 실천하며 아이를 출산하고 지금까지 남다른 노력으로 이뤄낸 성과들이라 더욱 값진 결과물이라 생각한다.

그리고 SNS 셀러 창업이 있다. 공동구매 등으로 판매를 진행하는 것인데 차이점이 있다면 초기 비용이 들지 않고 꾸준히 진행한다면 오프라인 매장 이상으로 높은 수익을 내며 시간의 흐름에 따라 판매와 전문성을 높일 수 있다는 것이다. 또한 인스타그램을 통해 내가 기존에 구축한 이미지가 있으면 거기에 맞는 상품군을 찾아서 공동구매를 진행할 수 있다.

예를 들어 A는 매일 어린이집이나 유치원에 입고 갈 아이의 옷을 감각적으로 코디해서 올리며 인스타그램에서 많은 팔로워를 갖고 있다. A

의 인스타그램을 방문하는 사람들은 대부분이 '아이 옷 코디'라는 콘텐츠에 매력을 느껴서 방문하는 것이다. 같은 콘텐츠를 관심사로 가진 사람들이 이 계정에 모이게 되는 것이다. 이런 경우에 A는 '아이 옷'을 주제로 공동구매를 진행할 수 있다. 또한 B의 경우에는 남들이 다니는 평범한 여행 코스가 아니라 자신의 개성이 듬뿍 담긴 여행 코스를 발굴하고 자신의 여행기를 인스타그램에 올린다. 그렇다면 B의 계정을 찾는 사람들은 모두 B만의 특별한 여행 코스에 관심을 보이는 사람들이며 팔로워가 많다면 B의 여행 코스가 차별화되는 부분이 분명 있다는 것이다. 따라서 B는 여행사와 제휴를 맺어 여행 관련 상품을 공동구매로 진행해볼 수가 있다.

인스타그램으로 공동구매를 한다는 것은 자신의 인스타그램에서 사람들을 끌어들이는 콘텐츠가 무엇인지 명확해야 하고, 어느 정도 영향력을 발휘할 수 있어야 한다. 그래야 공동구매를 시작했을 때 판매로 이어질 수 있다. 다만 공동구매의 경우 사업자가 있어야 상품을 판매할 수 있다. 온라인 판매의 경우 통신판매업 신고가 따로 되어야 한다.

2) 고객이 스스로 찾아오게 하는 홍보글 쓰는 법

특히 인스타그램처럼 개인적인 성향이 강한 SNS의 경우 상품을 통해 얻는 이익이 명확해야 한다. 나의 경우를 예로 들면, 아토피 비누를 판매한 적이 있었다. 당시 인스타그램으로 아토피 비누를 판매하던 곳은 많았고 대부분의 판매자들은 아토피에 좋은 '달맞이꽃종자유' 성분이 들어 있다는 것을 내세우며 홍보를 했었다. 그러나 달맞이꽃종자유라는 낯설고 어려운 성분이 아무리 좋다고 외쳐본들 일반인들은 이해하기도 어렵고 정말 좋은지 의구심을 갖게 되기 쉽다. 나는 수박 겉핥기 식으로 표면적인 마케팅을 하는 대신 그 성분이 실제적으로 어떤 효과를 미치는 것인지 보다 깊게 파고들어 일반인들이 쉽게 눈으로 확인할 수 있도록 근거를 제시했다.

먼저 당시 아토피 아이를 둔 엄마들의 관심사가 무엇인지부터 파악했다. 미세먼지 문제가 큰 이슈가 되고 있을 때였다. 미세먼지가 아토피 아이들의 피부에 자극을 주는 상황에서 산성이 강한 비누로 아이들을 매일 씻긴다면 아토피 아이들은 붉은 발진이나 가려움 같은 증상들이 더 악화된다. 이는 당시 아토피 아이를 둔 엄마들이 가장 잘 알고 있는 사실이었고 가장 신경 쓰는 문제였다.

그래서 나는 모두가 알고 있는 정보를 활용해서 달맞이꽃종자유의 효능을 쉽게 전달했다. 달맞이꽃종자유로 만든 약산성 비누로 홍보를 시작했고 산성도를 직접 측정해서 영상으로 제작했다. 그리고 나 역시 아토피 아이를 두고 있는 엄마로서 깐깐하게 고른 제품임을 스토리텔링으로 강조했다. 내가 만든 아토피 비누를 구입했을 때 어떤 효과를 얻을 수 있는지 명확하게 이해하고 신뢰할 수 있게 만든 것이다. 결국 내 전략은 적중했고 그때 내가 판매하던 아토피 비누는 다른 판매처보다 가격이 2배 정도 높았음에도 불구하고 매우 잘 팔렸다.

판매자의 마케팅이 성공하려면 고객의 관점에서 내 상품과 서비스를 봐야 한다는 것이다. 내가 고객에게 이야기하고 싶고 알려주고 싶은 것은 그것이 아무리 우수한 것이라도 마케팅에는 전혀 도움이 되지 않는다. 고객은 딱 한 가지! 그 제품을 구매하고 이용했을 때의 변화에만 주목한다. 그렇기 때문에 고객이 그 상품으로 인해 어떤 변화, 어떤 이익을 얻을 수 있는지를 마케팅의 핵심으로 잡아야 한다. 여기까지 읽고 '아, 좋은 방법 하나 알게 됐다' 하고 넘어갈 것이 아니라 지금 바로 이런 관점으로 홍보글을 작성해보자.

연습 고객의 마음을 움직일 홍보글 작성하기

- 상품의 장점만 늘어놓는 뻔한 글은 지양해야 한다.
- 나의 스토리를 담고 있어야 한다.
- 고객의 걱정을 해결해줄 수 있는 것, 고객의 궁금증을 풀어줄 수 있는 것, 고객이 직접적으로 얻을 수 있는 이익을 충분히 반영하여 써야 한다.
- 타사(경쟁사 혹은 경쟁자)의 콘셉트와 홍보글을 벤치마킹하여 우리 회사만의 홍보글을 만드는 것은 좋으나, 고객이 봐도 똑같이 느껴질 정도로 모방을 하게 되면 오히려 반감을 살 수 있다
- 나만의 차별화와 분명한 콘셉트가 있어야 한다.
- 요즘은 정보를 주는 콘텐츠 글이나 홍보글에서도 재미와 유익함을 함께 주어야 고객에게 최고의 반응을 이끌어 낼 수 있다.

마케팅 전문가가 되었다는 마인드로, 인스타그램을 통해 내가 판매할 상품에 대한 홍보글을 적어보자.

3) 인플루언서를 내 브랜드의 팬으로 만들어라

이제 막 인스타그램을 시작하는 분들은 이렇게 전문성을 바탕으로 신뢰를 구축했다고 해서 알아서 고객들이 늘어나고 물건이 팔릴까? 의구심이 들지도 모른다. 아직 인스타그램 환경도 낯설고 팔로워도 적은 상태에서 어떻게 판매가 될까 하고 말이다. 이제 막 인스타그램으로 자신의 일을 시작하려는 사람들이 단시간에 많은 수의 팔로워를 확보하기는 현실적으로 힘들다. 그렇다면 어떻게 해야 할까?

이 역시 나의 예로 설명을 하자면 나도 초창기에는 팔로워가 아주 적은 상태였다. 하지만 당시 내 인친 중에는 인스타그램에서 꽤 인기가 높았던 유명인이 있었다. 그때 나는 그 인친에게 제품을 선물했었다. 물론 꾸준히 소통하고 좋은 관계를 유지한 후였다. 인친은 선물을 받은 후 고마운 마음에 후기를 아주 정성스럽게 써 주었고 후기가 올라간 후 하루에 몇십 건씩의 문의가 들어오고 매출도 급증했었다. 즉 '인플루언서 마케팅Influencer Marketing'을 한 셈이다. 인플루언서 마케팅이란 영향력을 행사할 수 있을 만큼의 유명인인 인플루언서를 활용하는 마케팅이다. 보통 수십만 명의 팔로워를 가진 사람들을 마케팅 수단으로 활용하는 것이다.

인플루언서 마케팅의 원리는, 내가 대단히 많은 팔로워를 갖고 있지 않아도 인플루언서 한 명만 내 팬으로 만들면 그 인플루언서가 가진 막강한 팔로워들 역시 나의 고객이 될 수 있다는 점이다. 즉 막강한 인프라를 구축하고 있는 사람을 내 편으로 만들어서 약한 내 인프라의 단점을 빠른 시간에 보완하는 방법이다.

다만 이제 막 인스타그램 마케팅을 시작하는 분들이 저지르는 실수 중 하나는 큰 비용을 지불하고 인플루언서를 섭외하는 것이다. 물론 돈이 많다면 그런 마케팅을 할 수도 있다. 하지만 많은 돈을 지불하고 인플루언서 마케팅을 진행한다면 반드시 주의해야 할 사항이 있다. 그 인플루언서가 진짜 영향력을 발휘할 수 있는 사람인지를 꼭 검증해봐야 한다.

팔로워가 10만 명 정도 된다면 겉으로는 인플루언서라고 쉽게 생각하게 된다. 하지만 댓글이나 좋아요의 숫자를 확인했을 때 그 수가 0개 혹은 몇 개에 불과한 경우가 있다. 이런 경우는 인플루언서가 아니라 오히려 유령 팔로워를 가진 사용자이기 때문에 인플루언서 마케팅을 할 대상이 아니다. 꼭 그 정도의 팔로워를 가진 사람이 아니어도 된다. 수만, 수천 정도의 팔로워를 가지고 있으면서 댓글이나 좋아요의 숫자 역시 수백 정도로 일정 수준을 유지하고 있다면 인플루언서라고 볼 수 있다. 인스타그램 관리를 잘한 것이며 충분한 영향력을 가질 수 있다는 것이니까.

하지만 이 책을 읽는 독자라면 이제 막 인스타그램에 발을 내딛고 자신의 능력으로 경제력을 확보하고 싶어 하는 분들일 것이다. 그러니 인플루언서 마케팅을 활용하고 싶다면 돈을 들이는 대신 선의를 이용하면 된다. 인플루언서라고 해서 접근하기 어렵고 특별한 사람일 거라고 생각하지 않아도 된다. 그들 역시 사람이다. 따뜻한 인정과 선의에 마음을 열고 관심을 주고 보답을 한다. 따라서 그들과 끊임없이 소통하면서 거리를 좁히고 마음을 나누고 가까운 사이가 되면 된다. 작은 나눔 이벤트를 하고 관계를 지속할 수 있는 재미있는 일들을 많이 만들어서 강력한 나의 팬으로 만들면 그것이 인플루언서 마케팅이 되는 것이다.

4) 업체에게 눈텡이 맞지 않는 법

인스타그램의 장점은 쉽게 계정을 만들 수 있으며, 1인이 최대 5개의 계정을 만들어 운영할 수 있다. 쉽게 만들 수 있다는 말은 쉽게 바꾸거나 삭제할 수도 있다는 것이다. 그렇다 보니 인스타그램 창업이나 마케팅대행을 위해 마케팅 업체에 가입하고 비용까지 입금했는데 업체의 계정이 갑자기 삭제되어 피해를 입는 경우도 많이 생기고 있다. 따라서 인스타그램 마케팅 업체에서 교육을 받고 싶다면, 가입하기 전에 사업자 등록증 같은 업체 정보를 먼저 꼼꼼하게 확인해야 한다.

또한 마케팅 업체가 실제적으로 제대로 된 교육 과정을 갖고 있는지 판단할 수 있는 눈도 키워야 한다. 인스타그램에서 마케팅 업체를 찾아보면 수많은 업체들이 검색되는데, 이름만 마케팅이지 안을 들여다보면 현재 자신의 수익을 조작하고 수강생들에게도 수익 조작하는 방법을 가르치며 피해를 양산시키고 있는 경우가 많다. 따라서 이런 업체들을 통해 피해를 입지 않도록 교육 과정 역시 신뢰할 수 있는지 잘 확인하고 가입해야 한다. 또한 인스타그램 인기 게시물 1개를 올려주는 데 50만 원을 받거나 하는 터무니 없는 비용 책정에 주의해야 한다. 가능하면 스

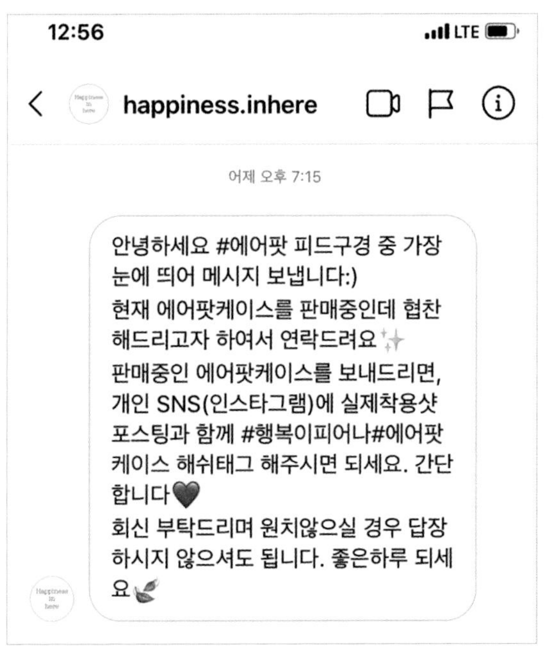

인플루언서 다이렉트 메시지 예시

스로 저비용으로 할 수 있는 방안을 먼저 파악해보는 것이 현명하다.

사람들은 무엇이든 쉽고 편하게 하고 싶어 한다. 마케팅 역시 마찬가지다. 그래서 나온 것이 '자동 프로그램'이다. 컴퓨터의 프로그램이 자동으로 댓글과 좋아요를 달아주는 것이다. 비용을 지불하면 내가 해야 할 일을 컴퓨터가 대신하니 나의 노력과 시간을 절약할 수 있다. 하지만 짚고 넘어가야 할 것이 있다. 내 인스타그램에 활동을 하지 않는 팔로워를 몇 천 명씩 한꺼번에 늘리는 게 내 계정의 활성화에 도움이 될 수 있을까?

연습 인플루언서에게 메시지 보내기

- 막연하다고 생각할 수 있지만 어렵게 생각하지 않아도 된다. 형식이 중요한 게 아니라 신뢰가 중요하다는 것만 잊지 않으면 된다.
- 내가 받았던 다이렉트메시지 중에서 오래 기억에 남고 기분이 좋았던 것들을 떠올려보자. 그러면 메시지를 작성하기가 훨씬 쉬워진다.
- 인플루언서에게 줄 수 있는 명확한 이익(혜택)이 명시되어야 한다.

내가 판매하고자 하는 상품이나 서비스에 도움이 될 만한 인플루언서를 찾아보자. 그리고 그들에게 내가 줄 수 있는 이익을 먼저 생각한 후 '어떻게' 메시지를 보낼지 직접 작성해보자.

홈비즈니스를 시작해서 인스타그램으로 마케팅을 하려는 사람이라면 결코 이런 식의 쉬운 방법은 통하지도 않을뿐더러 옳은 방법도 아니다. 단순히 팔로워를 늘리는 것보다 중요한 것은 늘어난 팔로워가 나에게 정말 가치가 있느냐 하는 것이다. 늘어난 팔로워들이 실질적으로 내 타깃이어야 한다. 그저 겉으로 보기에 팔로워 수치가 늘어나는 것으로 자신을 포장하는 것은 매출에 지대한 영향을 끼치기 어렵다는 뜻이다. 처음 인스타그램에서 판매를 시작하는 사람들 중에는 업체를 이용해서 무조건 팔로워를 늘리는 사람들이 있다. 이는 대부분 '유령 계정 혹은 외국인 계정'인데, 컴퓨터에서 자동으로 생성된 것으로 활동하지 않는 계정이며 시간이 지나면 쉽게 삭제가 된다.

예를 들어 A라는 사람은 팔로워가 10여 명에 불과했다. 그런데 업체를 통해 2,000여 명 정도의 팔로워를 확보한 후 자신은 팔로워가 2,010명이니 판매도 저절로 늘어날 거라고 자신하게 되었다. 이 사람은 팔로워가 늘었으니 판매 실적도 늘어날까? 아니다. 업체를 이용한 것 말고 아무런 노력을 하지 않는다면 앞으로도 판매 실적은 제자리걸음일 것이다. 팔로워가 늘었으니 판매도 늘 것이라 생각하는 사람들은 생각보다 많은데 이는 팔로워의 의미와 인스타그램 마케팅 활용 방법을 제대로 파악하지 못했기 때문이다. 물론 자신의 인스타그램 계정을 외형적으로 일단 확장시켜야 한다는 목표를 달성하기 위해서라면 이런 방법이 효과적이다. 하지만 자신의 홈비즈니스를 시작하는 사람이라면 이런 방법을 써서는 안 된다. 명확한 타깃층을 설정하고 그들의 해시태그와 관심사를 파악하여 팔로워를 확보해야 하며, 인기게시물 노출, 해당 해시태그의 최신게시물 노출에 중점을 두어야 한다.

자동 댓글 프로그램도 마찬가지다. 이 역시 완전히 무용지물이라고 말할 수는 없다. 개인의 상황이나 여건에 따라 적절히 잘 활용한다면 사업에 도움이 될 수도 있다. 예를 들어 사업이 너무 바빠서 일일이 댓글을 달기 힘든 상황이라면 자동 프로그램을 이용할 수도 있다. 다만 이런 경우라고 해도 시간을 절약하는 방법으로 활용하되 모든 것을 다 업체에 맡기지 말아야 한다. 댓글 정도는 자신이 직접 작성해야 한다. 그 후 자신이 작성한 내용을 업체에 넘겨서 자동으로 달 수 있도록 요청하는 것이 효율적이며 자신의 사업에도 도움이 된다. 그렇지 않고 모든 걸 다 업체에 맡길 경우에는 단순 이모티콘으로 모든 댓글을 달거나 사업에 독이 될 수도 있는 댓글을 달아서 피해를 입을 수도 있다. 그리고 사업 초기에 아무것도 다져지지 않은 상태에서 프로그램을 이용할 경우 사업이 제대로 자리 잡는 데 악영향을 미칠 수도 있다. 자신의 계정이 어느 정도 자리를 잡은 상태에서 이용해야 한다. 자동 댓글 프로그램으로 사람들의 유입률이 늘어나면서 동시에 상품 구매로까지 이어질 수 있는 시점, 즉 구매 전환율이 높아질 수 있는 시점에 도달했을 때 프로그램을 활용해야 효과도 얻을 수 있다.

5) 효과적인 연령층과 상품군

홈비즈니스를 시작하고 마케팅 채널로 인스타그램을 선택했다면 인스타그램에서 가장 활발하게 활동하는 연령층과 가장 판매가 잘되는 상품군에 대해 명확히 알아야 한다. 40~50대의 경우 인스타그램을 많이 하지도 않으며 인스타그램에서 상품 구매하는 것을 신뢰하지도 않는다. 따라서 자신의 상품이 40~50대가 타깃이라면 인스타그램 마케팅으로 큰 효과를 볼 수 없다. 인스타그램 마케팅이 가장 적절한 연령대는 10~30대이다. 이들은 인스타그램을 가장 활발하게 하는 연령층이며 동시에 인스타그램에서 상품을 구매하는 것도 괜찮다고 생각하고 있다.

상품군의 경우에는 가격을 고려해야 한다. 왜냐하면 마케팅 채널의 특성에 따라 잘 소비되는 가격대가 다르기 때문이다. 예를 들어 블로그의 경우에는 1~10만 원대의 상품들이 가장 잘 판매된다. 카페의 경우에는 고가의 상품군도 판매할 수 있다. 물론 모든 판매 과정에 있어서 적절한 판매 전략이 필요한 것은 기본이다. 그렇다면 인스타그램은 어떨

모바일 인터넷은 '커뮤니케이션(69.4%)' 목적으로 주로 이용

10-20대는 엔터테인먼트, 30대는 쇼핑, 40-50대는 검색과 뉴스 활동 목적의 이용이 높게 나타남

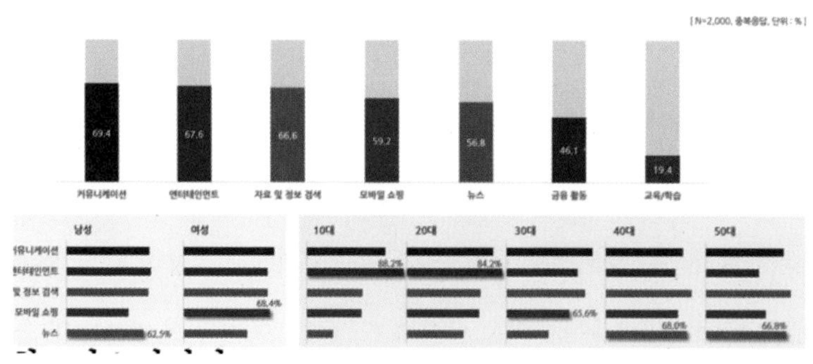

출처 - 나스미디어

까? 인스타그램은 개당 가격이 1~3만 원 정도의 상품이 가장 잘 판매된다. 그렇다고 해서 고가의 상품을 인스타그램으로 절대 판매할 수 없는 것은 아니다. 내게 교육을 듣는 수강생 중에는 100만 원대의 상품을 판매한 분도 있다. 이 정도의 고가를 인스타그램에서 판매하려면 브랜딩이 확실해야 한다. 홍보글도 일상 홍보글보다는 신뢰성 홍보글을 많이 다루어 확고한 신뢰가 뒷받침되어야 한다.

그러나 대부분 인스타그램에서는 고가의 상품보다는 사람들이 충동적으로 구매할 수 있는 수준의 상품, 보통 10만 원 미만의 상품이 잘 판매된다. 예를 들어서 고급 더치 커피를 인스타그램으로 판매한다고 했을 때, 아무리 품질이 뛰어나다고 해도 10만 원을 훌쩍 넘는 가격을 책정할 경우 사람들은 구매를 망설이게 된다. 하지만 3만 원 정도라면 밑져야 본전이라고 생각하며 쉽게 구매한다. 대부분의 사람들이 지금 당장 결제해도 부담이 없다고 생각하는 가격대라서 구매가 비교적 쉽게 이뤄지게 된다.

앞에서 예를 든 월비공구의 경우가 인스타그램을 판매 채널로 선택해 성공한 케이스다. 월비공구를 창업한 수강생은 현직 승무원으로 뷰티&다이어트 제품을 인스타그램을 통해 중점적으로 판매하고 있다. 나와 충분한 컨설팅을 통해 판매 전략을 탄탄히 마련한 후 공동구매를 시작해서 첫 매출로 60만 원대를 기록했고, 두 번째는 컨설팅 후 세트 상품으로 묶어서 판매하는 전략을 시행해 4일 동안 190만 원의 매출을 낼 수 있었다.

SNS 이용자들은 타인의 게시글을 확인하는 활동을 주로 함

여성이 남성 대비 게시글을 업로드하거나 이벤트/프로모션에 참여하는 등 적극적으로 SNS를 이용하는 패턴을 보임

[N=1,632, 중복응답, 단위 : %]

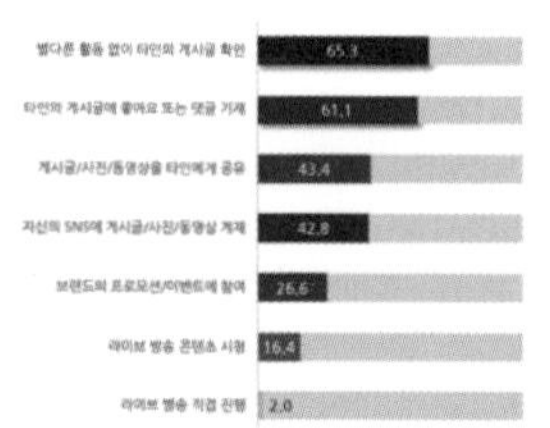

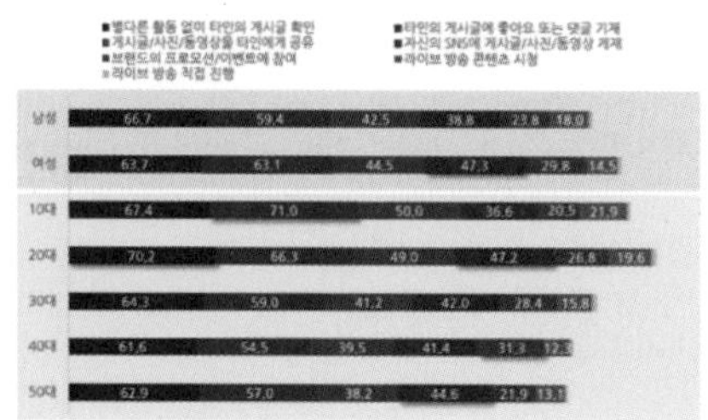

출처 - 나스미디어

이 수강생의 첫 공동구매 성공 비결로는 크게 3가지를 꼽을 수 있다. 첫째, 적극적인 실천이다. 업체 측에 적극적으로 상품 제안 메일을 보냈고 덕분에 좋은 상품을 발 빠르게 확보할 수 있었다. 둘째, 적절한 가격대의 상품으로 구성했다. 처음 다룬 상품은 '다이어트 커피'였다. 한 포에 1,400원의 저렴한 가격이라 구매 고객들의 가격 부담을 덜어주었다. 또한 상품의 콘셉팅과 후기를 적절히 활용해 구매 전환율을 높이는 전략을 활용해 성공을 거두었다. 셋째, 판매 전략이 탁월했다. 첫 공동구매에서는 첫날 무료 배송 이벤트를 활용했다. 또한 이미지로만 단편적으로 전달되는 인스타그램의 단점을 보완하기 위해 자신의 블로그에 직접 후기와 상세 설명을 담아냈다. 그리고 두 번째 공동구매를 진행하기 전에는 매출을 2~3배 올려보자는 목표를 세우고 상품을 묶어 파는 전략을 짜서 실행한 결과 원하는 목표를 넘길 수 있었다. 그 수강생의 경우

두 번째로 진행한 세트 상품의 판매가 대부분이었고 단품 판매는 소수에 불과해 너무 신기하고 놀라웠다고 내게 말했었다.

해당 수강생뿐만 아니라 처음 SNS 공동구매를 시작하는 수강생들에게 이와 같이 판매 전략, 마케팅 전략, 제품 소싱 방법 등을 알려주면 이를 실천해 좋은 성과를 냈었다. 첫 공동구매에 50만 원 정도의 매출을 낸 사람도 있고, 둘째 아이를 집에서 키우면서도 한 달에 600만 원 이상의 매출을 내며 성공적인 홈비즈니스인의 삶을 살기도 한다.

이처럼 인스타그램에서 마케팅을 할 때는 상품 가격이나 타깃 연령대가 적합해야 하는 것은 기본이다. 또한 차별화가 명확한 상품이어야 한다. 판매자의 가치관과 신념이 명확하고 시중에 나와 있는 상품들과 확실하게 차별화되는 부분이 있어야 인스타그램에서도 판매가 잘된다. 내가 아토피 비누를 판매했을 때 결코 싼 가격이 아니었음에도 많은 사람들이 구매할 수 있었던 것은 가치관이나 신념이 명확했었기 때문이다. 저렴하게 판매하기 위해 원가를 깎지는 않겠다는 신념을 갖고 있었다. 좀 적게 마진을 남기더라도 고급 비누를 만들겠다는 확실한 가치관이 있었고 이를 일관성 있게 밀고 나갔기 때문에 나를 신뢰하고 많은 분들이 비누를 구매했던 것이다.

6) 키워드 전쟁 #해시태그 마케팅 노하우

해시태그 마케팅을 할 때 주의해야 할 것은 누구나 쉽게 해시태그로 사용하는 단어들은 쓰지 않는 것이 좋다. 예를 들어 '#맞팔'은 몇 년 전까지만 해도 효과가 좋았지만 이제는 너무나 많은 사람들이 사용하는 해시태그가 되었다. 따라서 이를 해시태그로 사용할 경우 업체 계정의 유입이 많아지고 광고성 팔로워들만 급격하게 늘어나며 광고성 댓글만 달리게 된다. 실제로 수강생 중 한 분은 어느 날 갑자기 '좋아요' 폭탄을 맞았다고 뭔가 이상한 것 같은데 뭐가 잘못된 것인지 모르겠다며 문의하신 적이 있었다. 알고 보니 '#일상'이라는 해시태그를 올렸고 '좋아요'를 500개 받았는데 대부분이 업체의 광고성 좋아요와 댓글이었던 것이다.

'#육아'의 경우에도 엄마들의 주된 관심사다 보니 업체에서 가장 많이 쓰는 해시태그가 됐다. 그래서 단순히 '#육아'라고 달기보다는 '#육아소통환영'과 같은 해시태그를 다는 것이 효과적이다. 하지만 이마저도 최근에는 빈도수가 늘어나고 있다. 그래도 '#육아'라는 해시태그를 다는 것보다는 낫다. 따라서 해시태그를 마케팅에 활용할 때는 구체적이면서도 세부적으로 달아야 한다.

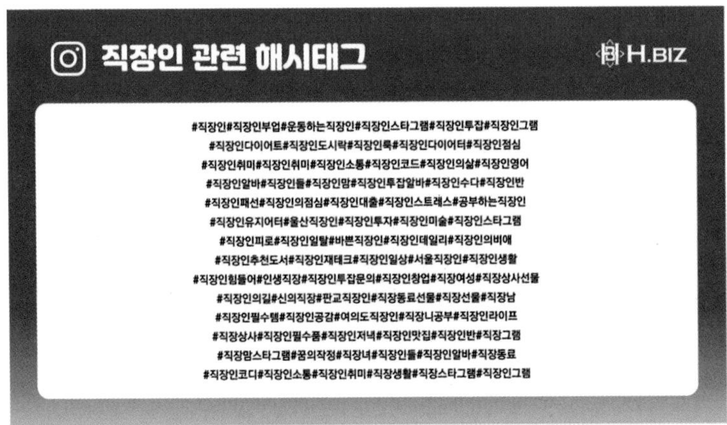

육아 관련 해시태그

H.BIZ

#30대육아맘#광주육아맘#김포육아맘#독박육아#독박육아그램#독박육아맘#독박육아중
#독박육아탈출#아들육아#아빠육아#애스타그램육아#연년생육아맘#육아고민#육아공감#육아공유
#육아교육#육아그램#육아기록#육아는#육아는아이템빨#육아는장비빨#육아대디#육아데일리
#육아동지#육아맘#육아맘 #육아맘그램#육아맘돈벌기#육아맘마켓#육아맘부업#육아맘선물
#육아맘소통#육아맘소통환영#육아맘스타그램#육아맘외출#육아맘이벤트#육아맘인스타
#육아맘일상#육아맘취미생활#육아맘환영#육아맘힐링#육아맞팔#육아맞팔환영#육아박람회
#육아블로그#육아빠#육아빠그램#육아상식#육아소통#육아소통그램#육아소통좋아요
#육아소통해요#육아소통환영#육아수첩#육아스타#육아스타그램#육아스타그램#육아스트레스
#육아아빠#육아아이템#육아용품#육아육묘#육아이벤트#육아인스타#육아인스타그램#육아일기
#육아일상#육아잡지#육아전쟁#육아정보#육아정보공유#육아정보사이트#육아중#육아체험단
#육아출근#육아카페#육아탈출#육아템#육아퇴근#육아파파#육아파파 #육아필수품#육아헬#육아헬
#육아휴직#이모선물#이쁜딸#이쁜아기옷#인스타아기#인천돌잔치#인천맘#인천산모교실#일산돌잔치
#일산산모교실#임산부#임산부강좌#임산부그램#임산부부업#전업육아맘#전투육아#젊줌마육아맘
#주말육아#책육아#책육아맘#초보육아#포항육아맘#헬육아#육아맘일탈#젊줌마육아맘

육아맘 관련 해시태그

H.BIZ

#경산맘#경주맘#공주맘#광교맘#광주맘#구미맘#김포맘#김포육아맘#김해맘#남매맘#다둥맘
#다둥이맘#닭띠맘#닭띠예비맘#대구맘#대구맘스타그램#돌끝맘#동탄맘#두딸맘#두아들맘#두아이맘
#둘째맘#둥이맘#딸둘맘#딸랑구맘#딸맘#딸맘그램#딸맘스타그램#딸바보맘#딸바보엄마#딸엄마
#말띠맘#맘#맘그램#맘룩#맘마#맘스타#맘스타그램#맘옷#맘커뮤니티#맘커플룩#모비맘선물#목포맘
#뱀띠맘#부산맘#부산새댁#분당맘#삼남매맘#서울맘#세아들맘#세종맘#소리맘#송파맘#쌍둥이맘
#아기엄마 #아들둘맘#아들둘맘 #아들맘#아들맘그램#아들맘스타그램#아들바보엄마#아산맘#안산맘
#애둘맘#애엄마#애엄마그램#양띠맘#양산맘#엄마껌딱지#엄마랑#엄마랑딸#엄마랑아들#엄마랑커플
#엄마랑커플룩#엄마사랑#엄마선물#엄마스타그램#엄마아빠#엄마옷#엄마와딸#엄마와아들#엄마표
#여수맘#연년생맘#예비맘#예비맘소통#예비맘스타그램#용인맘#울산맘#원숭이띠맘#원주맘#육아맘
#육아맘 #육아맘그램#육아맘맞팔#육아맘부업#육아맘선물#육아맘소통#육아맘스타그램#육아맘이벤트
#육아맘일상#육아맘취미생활#육아맘환영#일산맘#자매맘#잠실맘#전업육아맘#전주맘#젊줌마육아맘
#제주맘#직장맘#창원맘#책육아맘#천안맘#청라맘#청말띠맘#청양띠맘#청주맘#초딩맘#초보맘#춘천맘
#칠곡맘#캣맘#파주맘#판교맘#평택맘#포항맘#포항육아맘

워킹맘 관련 해시태그

H.BIZ

#워킹대디
#워킹맘
#워킹맘그램
#워킹맘룩
#워킹맘부업
#워킹맘쇼핑몰
#워킹맘스타그램
#워킹맘육아
#워킹맘의일상
#워킹맘일상
#워킹맘일상
#워킹맘커뮤니티
#워킹맘코디
#행복한워킹맘

개월수 관련 해시태그

H.BIZ

#16개월딸#16개월아기#16개월아기일상#16개월아들#17개월아기
#17개월아들#18개월아기#18개월아들#19개월아기#19개월아들#1살
#1살딸#1살아기#1살아들#20개월아기#20개월아들#21개월아기#21개월아들
#22개월아기#22개월아들#23개월아기#23개월아들#24개월아기#24개월아들
#25개월아기#25개월아들#26개월아기#26개월아들#27개월아기#27개월아들
#28개월아기#28개월아들#29개월아기#29개월아들#2번째생일#2살#2살딸
#2살딸램#2살아기#2살아들#2살아들램#30개월아기#30개월아들#30대육아맘
#31개월아기#31개월아들#32개월아기#32개월아들#33개월아기#33개월아들
#34개월아기#34개월아들#35개월아기#35개월아들#36개월아기#36개월아들
#37개월아들#3살#3살딸#3살딸램#3살아기#3살아들#4살#4살딸#4살딸램
#4살아기#4살아들#4살아들램#4살아들맘#5살#5살딸#5살딸램#5살아기#5살아들
#5살아들램#5살아들맘#6살딸#7세딸

애견 관련 해시태그

H.BIZ

#강남애견호텔#부산애견#애견쇼핑몰#애견교육#애견미용잘하는곳#애견패션#애견침대#애견놀이방#애견모임#애견스타#애견카페
#애견악세사리#애견카시트#애견방석#애견훈련사#애견캠핑#애견매트#애견사료#애견옷#애견스튜디오#애견소통#애견일상#애견맘#애견그램
#애견간식#애견동반식당#애견미용사#애견유치원#패션집사#집사가생겼다#두마리집사#강아지집사#집사의일상#초보집사#집사일상#애견동반
#애견동반카페#애견운동장#애견용품#애견인소통#애견스타그램#애견인#강아지목욕#이쁜강아지#강아지스파#강아지간식추천#강아지맞팔
#강아지니트#강아지계단#강아지생일파티#강아지초상화#강아지담요#강아지올인원#강아지동반여행#부산강아지#강아지티셔츠#강아지침대
#강아지영상#강아지슬링백#강아지생일#강아지훈련#강아지일기#티컵강아지#강아지유치원#강아지들#강아지회식#강아지사진
#강아지는사랑입니다#새끼강아지#강아지집#아기랑강아지#강아지사랑#강아지목도리#강아지케이크#강아지아동가방#뚱강아지#아기강아지
#강아지산책#강아지일상#강아지그램#강아지스타그램#집사소통#집사의하루#고양이집사#개집사#집사부일체#냥집사#집사스타그램
#집사그램#고양이인스타#고양이는#고양이는사랑#고양이상#우리집고양이#집고양이#고양이키우기##고양이덕후#고양이산책#이쁜고양이
#고양이초상화#고양이화살실#고양이를부탁해#고양이발#고양이소품#고양이집#고양이하우스#치즈고양이#고양이동영상#고양이간식
#고양이는사랑입니다#고양이일상#고양이집사#고양이그램#고양이스타그램#냥이득#길냥이스타그램#냥이들#길냥이는사랑입니다
#개냥이스타그램#개냥이그램#산책냥이#길냥이그램#냥냥이#냥이그램#냥이일상#냥이스타그램#개냥이

일상 관련 해시태그

H.BIZ

#f4follow #f4followback #follo4follow #follor4follow #follow_me #follow4followback #follow4like
#followalways #followbackteam #followe #followfollow #followforlike #following #followkpop
#followme #followmefaraway #followmenow #followus #follw4follow #forfollow #like4#like4follow
#like4like #like4likes #like4me #글스타그램#글쓰기#데이트추천#데이트코디#데이트코스
#데일리일상#맞팔댓 #맞팔댓글#맞팔댓글 #맞팔로우 #맞팔선팔#사랑해#사랑해그램#선팔맞팔
#선팔맞팔환영#선팔은곧맞팔#선팔은맞팔#선팔좋아요#소리바다#소소한일상#소소한행복#소통
#소통그램#소통스타그램#소통좋아요#신혼일상#엄마일상#운동하는남자#운동하는여자#일상그램
#일상글#일상기록#일상다반사#일상복귀#일상생활#일상샷#일상셀카#일상소통환영#일상스냅
#일상스타그램#일상으로#일상이야기#일상타그램#일상탈출#제주도일상#주말일상#하루일상
#행복그램#행복스타그램#행복하자아프지말고#행복하자우리#행복한#행복한순간#행복한시간
#행복한우리집#행복한일상#행복한일상#행복한하루

7) 효과적 활용 꿀팁!

인스타그램을 효과적으로 활용하려면 자신의 사업이나 마케팅 방향에 맞춰 인스타그램을 어떻게 사용할 수 있을지 알아야 한다. 인스타그램의 경우 브랜드 마케팅이 가장 큰 효과를 거둘 수 있다. 개인이라면 자신이 어떤 사람인지 알릴 수 있으며, 기업이라면 기업의 정체성을 뚜렷하게 알릴 수 있는 채널이 바로 인스타그램이라고 할 수 있다. 스타트업의 경우 특히 인스타그램을 활용하면 정말 좋은 효과를 얻을 수 있는데, 이제 막 사업을 시작하는 단계이기 때문에 사업의 목적, 신념, 주 타깃 등을 명확히 설정하고 광고할 수 있다.

이미 다른 플랫폼을 가지고 있는 사람들의 경우에도 인스타그램 마케팅을 병행해서 잘 활용하면 좀 더 성공적인 홍보와 마케팅을 할 수 있다. 인스타그램, 블로그, 카페, 카카오톡, 유튜브 등 각각의 채널이 갖는 특성들이 다 다르고 각각의 장점과 단점이 존재하기 때문에 이를 서로 보완하는 방향으로 활용할 수 있다.

예를 들어 인스타그램으로 가구를 판매한다면 이는 고가이기 때문에 판매가 쉽지 않다. 그래서 보통은 인스타그램을 바이럴 마케팅용(후기와 확장성을 이용)으로 사용한다. 가구를 판매하는 주 플랫폼은 카페나 홈페이지 등으로 따로 마련해 놓고 그쪽으로 빠르게 많은 고객을 유입시킬 수 있도록 인스타그램을 활용하는 것이다.

공동구매에서도 다른 채널과 인스타그램을 적절하게 연결해서 효율을 높일 수 있다. 공동구매를 통해 판매되는 상품의 수가 적다면 인스타그램 안에서만 해도 상관이 없지만 인플루언서들의 경우에는 한 번에 1,000~2,000개의 상품을 판매한다. 이런 경우 구매 문의는 인스타그램으로 받더라도 주문은 '네이버폼'으로 받아서 효율을 높일 수 있다.

또한 인스타그램은 글을 길게 쓸 수 없기 때문에 상품에 대해 비교적 자세하고 긴 설명이 필요하다거나 정보를 깊이 있게 전달할 필요가 있다면 블로그에 상세한 포스팅을 한 다음 이를 인스타그램에 링크로 연결시켜 놓으면 된다.

강의를 하시는 분들도 최근에는 인스타그램을 홍보용으로 많이 쓴다. 인스타그램은 확장성이 뛰어나기 때문에 하루에 수백 명에게 자신의 존재를 알릴 수 있다. 따라서 인스타그램은 많은 사람들에게 자신을 알리는 목적으로 활용하고 직접적인 강연 요청을 받는 블로그나 카카오톡 플러스 친구 등의 플랫폼을 인스타그램에 링크해 놓으면 된다.

최근에 급격하게 늘어나고 있는 유튜버 역시 인스타그램을 활용하면 좀 더 빨리 자리 잡는 데 도움이 된다. 나 역시 유튜브를 뒤늦게 시작했고 아직 몇 개월 되지 않았기 때문에 월평균 구독자가 100~200명 정도 늘어나는 수준에 불과했다. 하지만 인스타그램에 유튜브 방송 사실을 알리고 자동화 프로그램을 이용해서 하루 200명 정도에게 노출하는 방법을 이용해서 유튜브의 구독자 수를 빠르게 늘릴 수 있었다. 따라서 인스타그램을 잘 활용하면 이제 막 유튜브를 시작하는 유튜버들 역시 빨리 자신의 채널을 확장시키고 안정시키는 데에 도움이 된다. 물론 유튜브의 로직을 파악하여 검색키워드 상단 노출이 되게 하거나 관련 채널,

추천 영상 등을 활용하는 것이 구독자를 늘리는 데는 가장 큰 도움이 되지만 인스타그램의 작은 영향력도 활용하여 '진짜 내 팬'들을 더 많이 확보하는 데 도움이 되시길 바란다.

TIP 인스타그램 마케팅 할 때 꼭 알아야 하는 성공사전

• **해시태그** 네이버로 치면 '검색어', '키워드'에 해당한다. 인스타그램에서 해시태그는 검색어처럼 쓰이기도 하며 검색란에 해시태그를 검색하고 공통사나 관련된 사람들을 모아 매니아층을 형성하기도 한다.

예시 매니아층을 묶기 위해 쓰인 해시태그: #먹스타그램, #개스타그램, #유튜버, #감성그램

검색어/키워드로 쓰인 해시태그: #예쁜카페, #성수동카페, #강남역맛집, #대치동미용실

• **필수 용어**

① 팔로워: 나를 친구 추가한 사람(나를 계속 지켜보고 싶어서 팔로우를 누른 사람)
② 팔로잉: 내가 친구 추가한 사람(내가 상대방을 팔로우 누른 경우)
③ 맞팔: 서로 팔로우를 누른 경우(블로그로 치면 '서로이웃')
④ 선팔: 내가 먼저 팔로우를 누른 경우
⑤ 언팔: 팔로우를 취소한 경우
⑥ 유령 팔로워: 활동하지 않는 외국인 팔로워를 돈을 주고 구입한 경우(팔로워 숫자만 늘어나며 직접적인 고객은 없는 상태)

• **팔로워 빨리 늘리는 방법**

① #선팔환영, #선팔맞팔, #맞팔은댓글로, #직장인그램 등의 공통 관심사로 묶은 해시태그 위주로 선팔 후 맞팔 신청을 한다.
② 위 1번을 진행하며 한 계정당 '좋아요' 5개~10개 이상으로 성의를 표한다.

• **인스타그램 인기게시물/최근게시물 활용**

인기게시물 - 네이버에 빗대어 보자면 최적화, 상위노출과 같은 개념이다. 다만

인스타그램의 경우 알고리즘이 수시로 바뀌기 때문에 이를 유의하며 진행해주는 것이 효과적이다.
최근게시물 - 시간순으로 노출이 되기 때문에 공평하게 적용해 볼 수 있다.

• **프로그램 사용 시 주의점**
해시태그는 업체가 선정하도록 두지 말고 내가 직접 선택할 줄 알아야 한다. 그렇지 않으면 광고 효과는 없고 비용만 날릴 수 있다.

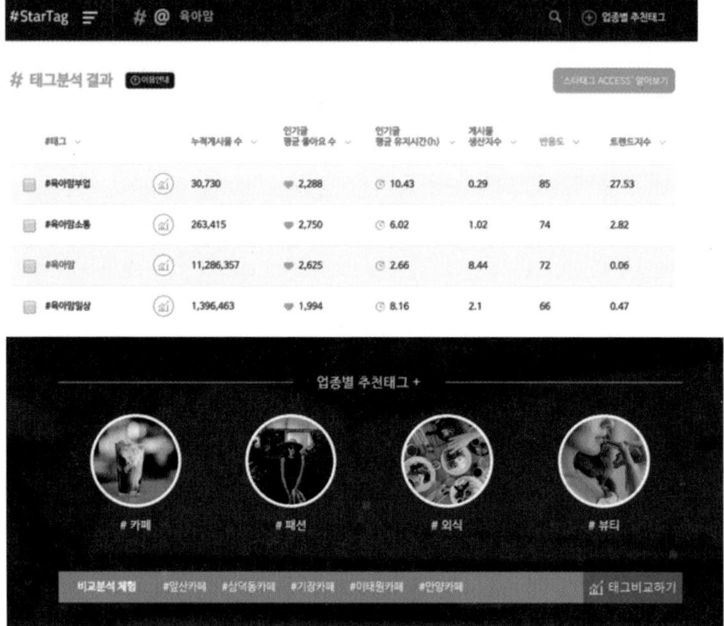

스타태그 어플

인스타그램에서 잠재고객이 내 계정에 유입되는 경로는 크게 5가지로 분류할 수 있다. 따라서 이를 잘 알아두고 마케팅에 활용하면 도움이 된다.

첫째, 해시태그/키워드 검색을 통해 유입된다.

상단 검색창에 #인스타그램마케팅, #위키트리(상호명), #쿠션공구, #뷰티공구, #아기옷공구마켓 등의 해시태그를 검색했을 때 아래 보이는 것처럼 일렬로 관련 계정들이 나열된다. 이때 우리는 고객에게 경쟁사들보다 먼저 선택되어야 하는데 우리가 고객이라면 어떤 계정을 클릭하고 싶어질까?

둘째, '좋아요'나 '댓글'을 보고 내 계정에 들어와 본다.

로직이나 계정 활성화 여부에 상관없이 누구나 할 수 있는 방법이며 가장 즉각적으로 고객에게 접근할 수 있는 방법이다. 내가 잠재고객들에게 정성스런 댓글과 좋아요를 남기면 고객은 그것을 보고 내 계정에 들어와 본다. 그때 나의 계정이 잘 꾸며져 있고 고객의 관심 분야로 이뤄져 있다면 그 후는 어떻게 될까?

셋째, 인기게시물/최근게시물을 통해 유입된다.

인스타그램에도 네이버 마케팅에서 흔히들 이야기하는 '상위노출'의 개념이 있다고 볼 수 있다. 몇 달 전만 해도 개인에 따라 다르게 나타나던 인기게시물이 최근 다시 순서만 변경되어 비슷하게 나타나고 있다. 인기게시물이란 해당 해시태그에서 인기 있는 게시물이라는 의미로 인스타그램이 해당 해시태그를 검색했을 때 상단에 보이도록 고정시켜주는 것을 말한다. 따라서 고객 유입을 위해서는 인기게시물을 잘 활용하면 된다. 단, 인기게시물 1개 올려주는 데 50만 원씩 받는 업체는 피해야 한다.

최근게시물의 경우 인스타그램 내에서 해당 해시태그 부분에 시간순으로 노출된다. 사람들이 많이 사용하는 해시태그일수록 최근게시물에서 금방 사라져버린다. 따라서 최근게시물을 활용하려면 세부 해시태그(디테일한 해시태그)를 사용할수록 유리하다. 최근게시물로 마케팅 효과를 노리는 업체들은 자동화프로그램이나 수기로 매일 게시글을 20개 이상 업데이트하는 방법을 가장 많이 쓴다. 과연 마케팅 효과는 어떨까?

내가 아는 강남의 한 뷰티샵 원장님도 이런 업체를 통해 매일 6명의 고객을 확보하고 있다고 한다. 고객이 유입되는 경로 중 하나이기에 분명 효과는 있다는 것. 진짜 인스타그램 마케팅을 잘해 보고자 한다면 해당 방법들을 모두 동원하여 고객을 많이 유입하고 개입시키는 방향을 선택하시길 바란다.

넷째, 다이렉트메시지dm로 유입된다.

네이버의 쪽지나 메일, 페이스북의 메시지 기능처럼 인스타그램에는 '다이렉트메시지' 기능이 있다. 화장품 브랜드나 마케팅대행회사, 뷰티네트워크마케팅브랜드에서 종종 사용하는 마케팅 방법 중 하나이다. 다이렉트메시지를 고객에게 보냄으로써 댓글, 좋아요, 게시글과 관계없이 메시지 내용으로 즉각적인 유입을 시도할 수 있다.

다섯째, 돋보기 아이콘(둘러보기 같은 개념)을 통해 유입된다.

인스타그램에는 유튜브에서처럼 관심도에 따라 연결-노출시켜주는 개념이 있다. 예를 들어 유튜브에서 내가 키즈 채널을 하나 보고 나면 그날부터 메인에 키즈 채널들(추천, 연관성에 의해)이 노출되는 것처럼 인스타그램에서도 내가 뷰티 인플루언서들을 자주 찾아본다면 관련 계정들의 게시글들을 띄워준다.

고객에게 처음 보이는 피드는 통일감 있게 만들어야 한다

일상을 통해 고객에게 줄 수 있는 이득 제시하는 것이 좋다

프로필 설정 시에는 경력이나 딱딱한 소재보다는 나, 혹은 우리 브랜드가 추구하는 방향, 고객이 얻을 수 있는 것 등 핵심 문장을 두 줄 정도 적는 것이 좋다

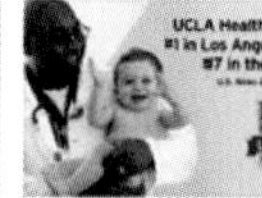

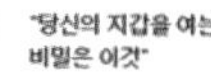

제목 아이디어는 인기 유튜버나 네이버 기사 제목 참고

★ HOME BUSINESS ★

CHAPTER 3

홈비즈니스 구축 단계 마케팅 채널 활용팁!

- 페이스북, 유튜브, 블로그, 카페

페이스북 실전에서 활용하기

첫째, 로직보다는 관계 마케팅이 중요하다.

인스타그램처럼 페이스북 역시 알고리즘Algorithm이 빠른 속도로 변하고 있다. 알고리즘은 로직Logic이라고도 하는데 이는 페이스북이 운영되는 기술을 뜻한다. 페이스북을 처음 하는 사람들은 페이스북 마케팅을 잘하려면 로직이나 알고리즘을 공부해야 한다는 말을 많이 듣게 된다. 용어 자체가 어려운 데다가 공부까지 해야 한다고 하면 페이스북을 쉽게 시작할 수 있겠는가. 하지만 페이스북은 특히 로직의 변화가 잦기 때문에 이를 따로 공부할 필요가 없다. 비싼 돈을 들여서 공부를 한다고 해도 금방 새로운 로직으로 바뀔 것이므로 활용할 수 있는 시간은 짧다.

효용 가치가 없는 것이다. 굳이 어렵게 공부하지 않아도 된다는 말이다.

페이스북 마케팅의 성공을 좌우하는 것은 로직이나 알고리즘에 대한 이해가 아니라 고객이다. 고객과의 접점을 많이 만들고, 고객에게 친근하게 접근할수록 구매 전환율이 높아진다. 또한 나의 상품을 지인이 구매한 후 후기를 자신의 피드에 쓸 경우에는 지인과 관계를 맺고 있는 주변인들도 후기를 보게 되므로 그 자체가 바이럴마케팅이 된다. 지인의 후기를 본 주변인들은 지인을 신뢰하는 사람들이기에 지인이 쓴 후기 역시 신뢰하게 된다. 따라서 나의 지인과 관계를 맺고 있는 사람들까지 고객으로 만들 수 있다.

둘째, 친구 추가는 신중하게 해야 한다.

페이스북을 처음 할 때 뛰어난 미모의 여성들을 프로필 사진에 설정해 놓은 계정에서 친구 추가를 해 온다면 이는 상업적 계정일 확률이 높다. 이를 모른 채 친구 추가를 해 놓으면 다른 사람들에게 좋지 않은 인상을 줄 수 있다. 물론 설정에서 비공개로 바꿀 수는 있지만 지인들이 나의 친구 리스트를 확인할 수 있기 때문에 나의 신뢰도를 떨어뜨리는 일이 되는 셈이다.

또한 내 계정이 텅 빈 상태로 친구 추가만 하러 다닌다면 친구 추가가 제대로 될 리가 없다. 당연히 내 계정을 신뢰할 만한 계정으로 만드는 것이 먼저다. 내 계정을 통해 내가 어떤 사람인지(내가 어떤 일을 하며, 어떤 생각과 가치관을 갖고 있으며, 나의 비전은 무엇인지 등등)를 명확하게 알려야 하며 이를 통해 신뢰를 쌓아야 친구 추가도 가능해지는 것이다.

그리고 페이스북에 가입하자마자 친구 추가를 수십 명씩 하는 경우 페이스북에서 경고를 받을 수 있다. 그런 경우에는 놀라거나 당황하지 말고 일단 친구 추가를 중지하고 활동 지수를 충분히 높인 다음 다시 친구 추가를 하면 된다.

셋째, 그룹은 최고의 마케팅 채널이 된다.

페이스북 마케팅은 보통 두 가지로 이뤄진다. '페이지'라는 비즈니스 계정으로 유료광고를 하거나 '그룹'을 통해 마케팅을 하는 방법이다.

페이지의 경우, 친구 추가 기능은 없지만 좋아요, 먼저 보기 등으로 고객을 확보할 수 있다. 내가 페이지에서 글을 많이 써도 좋아요를 하지 않은 사람에게는 내 글이 노출되지 않는다. 따라서 페이지를 키우려면 유료 광고를 하거나 공유하기 기능을 이용해서 사람들이 공유하고 싶어지는 콘텐츠로 만들고 키워야 한다. 개인이 만들 수 있는 페이지, 팔로워의 제한은 없으며 글은 관리자만 쓸 수 있다.

그룹은, 관심사가 비슷한 사람들을 묶는 것으로 네이버의 밴드와 같은 개념이다. 페이스북에 들어가서 검색어로 '육아'만 쳐도 육아 관련 다양한 그룹들이 나온다. 그중에서 활동이 많은 그룹에 가입하면 된다. 자신이 그룹을 만들 경우에는 자신의 친구들을 그룹에 초대하면 승인 없이 그룹에 가입된다. 페이지와 달리 그룹에서는 모든 사람이 글을 쓸 수 있다.

보통 페이지에서는 유료 광고를 하게 되므로 이제 막 페이스북으로 마케팅을 하는 경우에는 비용을 들이는 페이지보다는 그룹을 잘 활용하는 방법이 좋다. 그룹을 활용하려면 먼저 수많은 그룹 중 자신과 관련이 있는 키워드를 검색해서 그룹에 참여해야 한다. 그룹에 있는 사람들과 친밀한 관계를 쌓고 그 안에서 광고를 하는 것이 구매 전환율을 높이는 데 효과적이다.

오프라인에서 판매되던 많은 것들이 실제로 페이스북 그룹에서 판매되고 있다. 예를 들어 캘리그라피, 액자, 성장 앨범 제작, 음식류(쿠키, 고기, 식초, 간장게장), 쥬얼리, 아동복, 여성 의류 등등 폭 넓은 종류들이 페이스북 그룹 내에서 판매되고 있다. 그룹에서 친구들을 모은 다음 그룹 내에서 판매를 할 경우 마케팅이 훨씬 용이하다. 또한 그룹에서 공통 관심사로 만난 사람들과 친구를 맺어 나의 친구 수나 팔로워 수를 많이 확보해두면 내 계정 자체에서도 판매가 원활히 일어날 수 있다. 유료 광고를 하더라도 다른 곳에 비해 월등하게 저렴하게 할 수 있으므로 효과적인 마케팅이 가능하다.

넷째, 인맥 관리에 최적화된 시스템이다.

페이스북은 신뢰를 중심으로 한 인맥 관리에 최적화된 시스템이다. 특히 페이스북의 시초가 하버드 대학교 동문 관리 프로그램이었던 것만 봐도 알 수 있듯이 '관계 중심의 인맥 확대'에 주요한 역할을 하는 SNS가 바로 페이스북이다. 인스타그램이 불특정 다수에게 나를 알리는 역할을 주로 한다면 페이스북은 나와 관련이 있는 인맥의 폭을 넓히는 데 도움이 된다. 그래서 기업 대표나 작가, 강사들이 SNS 중 딱 한 개만 한다면 페이스북일 확률이 높다. 그들이 자신의 사업(일)과 관련이 있는 사람들에게 자신을 노출하며 전략적으로 브랜딩할 수 있는 도구가 페이스북인 셈이다.

연습 나만의 페이스북 마케팅 기획서 만들기

• 나의 타깃 키워드를 적어보고 그에 맞는 그룹 리스트를 5개 ~10개 적어보자.

• 나의 타깃 친구 수 5,000명을 목표로 하자. 매일 몇 명씩 늘릴 것이며, 언제까지 확보할 수 있는지 계획서를 작성하자.

STEP 2

유튜브 실전에서 활용하기

유튜브는 '갓튜브'라는 이름을 갖고 있을 정도로 10~20대에게 절대적인 지지를 받고 있는 동영상 플랫폼이다. 동영상 전문 플랫폼이다 보니 유튜브라고 하면 '크리에이터'만 생각하는 사람들이 있지만 최근에는 유튜브가 검색 엔진으로 주목 받고 있다. 특히 어릴 때부터 동영상을 보고 자란 밀레니얼 세대(1980년대 초반~2000년대 초반에 출생한 세대)에게 유튜브는 절대적인 지지를 받고 있다.

아이를 키우는 엄마들 중 아이에게 유튜브를 단 한 번도 보여주지 않은 엄마는 과연 몇 명이나 될까? 아마도 거의 없을 것이다. 그렇다면 그렇게 유튜브를 보고 자란 아이들이 나중에 무언가를 검색할 때 네이버를 사용할까, 아니면 유튜브를 사용할까? 당연히 유튜브를 사용할 것이다. 그뿐만이 아니다. 60세쯤 되신 나의 시어머니도 유튜브를 활용하신다. 성경 공부도 유튜브로, 판소리 공부도 유튜브로 하신다. 시어머니는 내가 무슨 일을 하는지 잘 모르셨는데 어느 날 유튜브에서 내 이름을 검색해 보고 아셨다고 말씀해주셨다.

보통 유튜브 마케팅 교육을 들으면 구독자를 모으는 것에 교육 과정이 맞춰져 있지만 실제 나의 경우 유튜브를 이용해서 월 1,000만 원 이상의 매출을 내기까지 구독자는 1,000명도 되지 않았다. 구독자를 얼마나 늘리느냐가 중요한 것이 아니다. 다시 말해 검색 엔진으로 활용할 때 유튜브 마케팅에 최고의 효과를 얻을 수 있다. 더욱이 지금 유튜브는 검색 엔진으로 활용하기 최고의 플랫폼이지만 좀 더 시간이 지나면 네이버나 페이스북처럼 검색 엔진으로 활용하기 더 어려워질 것이다. 따라서 바로 지금 유튜브를 검색 엔진으로 브랜드 마케팅에 활용하는 것이 가장 좋다. 그렇다면 검색 엔진으로서 유튜브를 활용하려면 어떻게 해야 할까?

첫째, 전문성을 갖춘 동영상을 주기적으로 올려야 한다.

자신의 키워드를 명확히 정한 후 그에 맞는 영상을 꾸준히 올려야 한다. 최소 2~3일에 한 번은 영상을 올려야 하고 가능하다면 매일 영상을 올리는 것이 좋다. 또한 영상은 반드시 고객에게 실질적으로 도움이 되는 콘텐츠를 담고 있어야 하며 가끔은 나의 스토리를 담은 영상도 올리면서 균형을 맞춰주면 도움이 된다.

둘째, 영상의 개수나 구독자 수에 크게 얽매이지 않아도 된다.

유튜브의 경우 키워드가 비슷한 유명인의 영상에 '관련 영상' 혹은 '추천 영상'으로 추천이 뜰 수 있기 때문에 이제 막 사업을 시작하는 초보자들이 마케팅하기에 좋은 플랫폼이다. 즉 영상을 많이 올렸다고 해서 고객이 찾아오는 것이 아니며 유튜브 자체에서 이제 막 시작하는 사람들의 영상을 자주 상위에 노출시켜주기 때문에 초보자들이라고 해도 콘텐츠만 확실하다면 빨리 경쟁력을 확보할 수 있다.

셋째, 신뢰도 확보에 효과가 있다.

얼굴을 노출하지 않고 유튜브를 시작하는 사람들도 있지만 유튜브는 나만의 방송 채널을 확보하는 개념이 크다. 특히 얼굴을 드러내고 방송을 하면 신뢰도를 높일 수 있으므로 마케팅에 유리하다. 키워드로 콘텐츠를 주기적으로 올릴 경우 구독자는 불특정 다수가 아니라 나의 타깃에 맞는 고객들이 구독자로 모이게 되므로 마케팅 효과를 높일 수 있다.

넷째, 제목과 썸네일은 끌리게 만들어야 한다.

구독자를 늘리는 방법으로 가장 좋은 것은 영상을 보고 싶게 만들어야 한다. 콘텐츠의 전문성은 기본이며 제목과 썸네일을 매력적으로 만들어야 한다. 제목의 경우에는 어떻게 달아야 할지 모르겠으면 네이버 기사의 제목들을 벤치마킹하면 도움이 된다.

다섯째, 영상은 핵심만 간결하게 담아야 한다. 영상을 1시간이고 2시간이고 보는 사람은 없다. 안 그래도 바쁜 일상에서 핵심적인 정보만 빠르게 전달받기를 원한다. 따라서 유튜브 영상을 제작할 때는 최대한 핵심 내용을 1분~10분 내외로 담는 것이 가장 좋다. 혹시 부족하다고 느낀다면 구독자들이 이어서 볼 수 있도록 시리즈로 제작하는 것이 좋다. 그렇다고 모든 영상을 짧게 구성할 필요는 없다. 주기적으로 한 번씩은 긴 길이의 영상을 담아서 제작하면 콘텐츠의 질을 높일 수 있다.

여섯째, 광고 영상을 만드는 것은 삼가야 한다. 유튜브를 보는 고객은 모두 무료로 유익한 정보를 얻기 원한다. 그렇기 때문에 광고 영상을 게재하고 상업적 채널로 활용하게 되면 생존이 어려워지는 것은 물론이고 수많은 악플에 시달릴 수 있다.

TIP 유튜브 클릭을 유도하는 제목/썸네일 문구 참고

- **채널: 혜님의꿈비TV 예시**

1. 월드컵 축구 선수 랭킹 TOP5 인스타그램 엿보기
2. 월 1,000만 원 무자본 창업가가 되려면? 4분부터가 엑기스
3. 인스타그램 인기 게시물에 대한 거짓 정보 절대 믿지 마세요!
4. 인스타그램 마케팅 팔로워 5일 500명 확보하기
5. 1시간 강의에 8억을 버는 사나이의 판매마케팅 핵심

- **채널: 김미경TV 예시**

1. 돈 안 들이고 내 미래를 직접 보는 방법은?
2. 뒤에서 나를 험담하는 사람 상대하는 법
3. 자식들이 나를 무시한다는 생각이 들 때
4. 내 꿈을 반대하는 엄마를 사랑하는 법
5. 돈을 벌고 싶다면 반드시 필요한 한 가지
6. 입사 5년 안에 반드시 해야 할 일
7. 품위 지키면서 만만해 보이지 않으려면?
8. 꿈 하나만 믿고 외국에서 먹고 살 수 있을까?
9. 자녀와 평생 사이좋게 지내려면?
10. 주부들이 유튜브로 돈 벌 수 있는 10가지 방법
11. 하면 할수록 자존감 높아지는 3가지 대화법
12. 성공한 사람들이 쓰는 특별한 인간관계 기술은?
13. 꿈이 세팅되기 전, 인생에 남자를 들이지 마라
14. 혼자 벌어도 맞벌이 효과 내는 3가지 재테크 비결은?
15. 한때 친했던 사람과 관계가 꼬여버렸을 때
16. 굶지 않고 살 빼는 3가지 방법

17. 20분 만에 봄 망사 스커트 만들기
18. 결혼할 남자를 고를 때 봐야 할 3가지 포인트
19. 10억 빚더미에서 매출 5천억 유럽의 CEO가 된 여자
20. 50대가 정말 두 번째 청춘인 이유
21. 50대 남자들이 제일 불쌍하게 사는 이유
22. 다이어트 할 때 꼭 필요한 3가지 독!?
23. 아이를 가질까? 말까?
24. 옆집이 아닌 내 아이만 보아라
25. 직장으로 돌아갈까요? 아이를 키울까요?
26. 스피치 달인이 되는 7가지 법칙
27. 단돈 천원으로 귀걸이 만들기!
28. 좋은 남자와 헤어지지 않으려면?
29. 삼수 하는 딸에게 해준 말
30. 직장의 못된 인간 처리법
31. 일상에서 120% 힘내는 법
32. 혜민스님에게 배우는 '대화의 기술'
33. 사춘기 아이의 특징 3가지
34. 아이는 나를 닮지 않아야 정상
35. 흔들리는 30대를 위한 언니의 독설

TIP 응용하기 쉬운 제목 템플릿

1. 이게 가능하다니 3일 동안 아기피부 되는 방법
2. __________에게 100만 원어치 옷 사주기?!
3. 전 남친과 이별 후, 7년 만에 밝혀지는 진실
4. ________(으)로 한 달에 ________을 벌었다! 레전드 스토리 공개
5. 오직 자신만의 힘으로 성공한 __________들, 그들이 사는 세상
6. 절세미인, ________보다 이쁜 게스트 섭외?!??
7. 여자가 받고 싶은 선물 TOP5 + 매력적인 사람이 되는 Tip
8. _________ 하는 지름길
9. ______을 10배 올리는 ________의 모든 것!
10. 매출 30배의 비밀
11. ______들을 상대하는 방법
12. 〈직업〉 매출&수익 공개
13. _______ 하는 ______의 특징
14. _______ 때문에 ________한 사연
15. _______한, ________ 어떡하죠?
16. ___ ___ 하면 ______ 할 수 있을까?
17. 불과 _______ 만에 ________ 달성할 수 있는 비결
18. ______에 관한 흔한 오해 vs 진실
19. 내가 돈을 버는 7가지 방법
20. _________을 극복하는 〈숫자〉 방법
21. _______ 하면서 돈 버는 방법!
22. _______의 5가지 원인과 해결책
23. _______ 하다고 느껴질 때
24. 100억 부자가 알려주는 _________ 투자 팁!

25. 진짜 하고 싶은 것을 찾는 방법
26. 프로가 알려주는 〈이득〉을 위한 확실한 조언
27. 운명을 바꾸는 3가지 방법
28. 6개월 내로 ________처럼 _______ 하는 비법!
29. _______ vs _______의 4가지 차이
30. 종잣돈 _______이 _______ 후 〈금액〉이 되다
31. _________ 해야 성공한다!
32. _________을 얻기 위한 확실한 방법, 그리고 전략
33. _______ 만에 _______을 벌고 _____ 만에 다 날리다
34. 지금 당장 ________ 하는 5가지 방법
35. _______면 이것부터 하세요!
36. 〈기간〉〈원래의 모습〉에서 〈목표/숫자〉으로!
37. ______ 하면 누릴 수 있는 3가지 혜택!
38. _______대에 꼭 해봐야 할 3가지
39. _______을 끌어당기는 마법의 주문 ______가지
40. _______을 치유하는 마법의 주문 7가지
41. 빠르게 ___을 얻는 방법은 여기에!!
42. ______ 하기 좋은 _______ TOP7
43. ______이 _______ 한 3번의 순간
44. ______이 예측하는 앞으로의 유튜브 시장
45. 최초 고백! 사실 저의 치부는 바로…!
46. _____이 _____에서 ______을!?
47. _______짜리 〈물건〉 2주간 쓰면 이렇게 됨
48. 〈상품/서비스〉 1시간에 〈가격〉 이라구요??? 그래서 받고 왔습니다!
49. 세상에서 제일 비싼 _______짜리 〈상품/서비스〉을 썼는데 〈효과〉가…
50. _________ 하면 1회 만에 〈효과〉 할까?

연습 나만의 유튜브 마케팅 기획서 만들기

- 끌리는 제목, 콘텐츠를 10가지 기획해 보자.

• 영상 촬영일은 언제이며 언제 업로드할 예정인지 계획을 세워 보자.

블로그 실전에서 활용하기

네이버 블로그의 경우 인스타그램이나 유튜브 훨씬 이전의 플랫폼이다. 그만큼 많은 사람들이 사용하고 있고 어떻게 사용하는지에 대해서도 많이 알고 있다. 그래서 기본적인 활용법은 건너뛰고 마케팅에 관해서 사람들이 궁금해하는 것 두 가지를 다루고자 한다.

블로그 마케팅에 있어서 가장 사람들이 관심을 갖는 것 중 하나는 '최적화 블로그'이다. 최적화 블로그, 즉 검색 시 상위에 노출되는 블로그를 갖고 있어야 한다고 생각하는 사람들이 많다. 그래서 이제 막 블로그를 시작하는 사람들 중에는 최적화 블로그를 만들기 어렵고 막막하다는 생각에 쉽게 포기하는 경우도 많다.

실제 나의 경우에는 최적화 블로그를 가지고 있었고 그것을 기반으로 광고 효과를 톡톡히 보기도 했었다. 최적화 블로그를 갖고 있었기 때문에 유명 업체들과 함께 광고 대행을 오랜 시간 진행하기도 했었다. 하지만 내가 최적화 블로그로 마케팅을 하던 때와 지금의 상황은 많이 달라졌다. 이제 블로그의 경우 상업화로 많이 활용되어 상업적 이미지가 굳어진 상태이다. 따라서 더 이상 최적화 블로그의 의미는 없다.

그럼에도 고가의 상품을 판매하거나 검색 엔진으로서 블로그가 반드시 필요한 경우, 혹은 마케팅 비용에 여유가 있는 경우에는 최적화 블로그를 구매할 수도 있겠지만 그렇지 않은 경우라면 굳이 최적화 블로그에 욕심내지 않아도 된다. 최적화 블로그의 경우 요즘에는 400~500만원 정도 하는데 그 비용을 지불하고 그 이상의 효과를 내기 어렵다고 판단이 된다면 나의 진성 스토리를 담은 채널로 활용하는 것이 더 효율적이다.

또 하나 사람들이 궁금해하는 것은 크몽이나 검색 프로그램의 사용이 얼마나 마케팅 효과가 있느냐이다. 재능마켓 크몽이나 검색을 통해 프로그램 업체를 알아보면 서로이웃 추가 프로그램이 있다. 댓글 및 카테고리를 설정해서 서로이웃 추가를 대신해주는 프로그램을 활용할 수 있는데 이 경우 하루 100명까지도 서로이웃을 늘릴 수 있다. 당연히 꾸준히 지속하면 마케팅 효과를 볼 수 있다. 또한 인스타그램의 경우 프로그램 활용으로 인해 신고를 많이 당하게 되면 계정이 삭제될 수 있기 때문에 주의해야 하지만 블로그의 경우는 그런 일이 없다. 즉 단순 홍보나

이웃 확장의 개념으로 프로그램을 이용하는 것은 효과를 볼 수 있다. 검색 노출이 전혀 되지 않는 저품질블로그의 경우에도 이런 프로그램을 활용해서 효과를 볼 수 있다.

카페 실전에서 활용하기

카페의 경우 인스타그램이나 페이스북 등과 달리 비교적 시간을 많이 투자해야 하며 카페를 성장시키기까지 1~2달 정도 시간이 필요하다. 하지만 시간을 들여 카페를 잘 키워놓기만 하면 이후에는 카페 회원들의 포스팅으로 카페가 성장하는 자동화시스템을 구축할 수 있게 된다. 시간과 노력을 들여 카페를 성장시킨 후에는 좋은 마케팅 채널로 활용할 수 있게 된다. 따라서 초반에 가입자 수를 빠르게 증가시키기 위해 유튜브와 같은 다른 플랫폼을 이용하거나 유료 광고를 활용하는 것도 좋은 방법이 될 수 있다.

또한 카페는 비교적 다루기 쉽고 커뮤니티로 이용하거나 정보성 콘텐츠를 찾아와 읽는 경우가 많기 때문에 구매 전환율을 높이기에도 유리하다. 즉 교육용 카페나 커뮤니티 카페 등으로 키우면 마케팅 채널로 활용하기 쉽다. 더욱이 카페 마케팅의 경우 아직 제약이 많은 편이 아니라서 지금부터 잘 성장시켜놓으면 많은 도움이 된다. 그렇다면 카페를 잘 성장시켜서 마케팅 채널로 활용하려면 구체적으로 어떻게 해야 할까?

첫째, 카페 활성화를 위해 회원들의 참여도를 높여야 한다. 예를 들어 가입 인사, 등업 양식 등은 필수로 작성하도록 만들어야 한다. 회원들이 적극적으로 참여할 수 있도록 분위기를 만들어야 카페의 성장에도 회원들의 활동에도 도움이 된다. 또한 무료 정보는 등업이 되면 볼 수 있도록 설정해두는 것도 좋은 방법이다. 이 또한 카페의 활성화에도 도움이 될 수 있겠지만 회원들 또한 등업을 하기 위해 작은 노력이라도 들였다면 무료 정보라고 할지라도 소중하게 생각하고 자신의 참여도를 적극적으로 끌어올릴 수 있게 된다.

둘째, 동영상 콘텐츠를 넣는 것이 좋다. 현재 네이버의 경우 카페가 검색에 노출되는 것이 저조한 편이다. 하지만 포스팅을 할 때 동영상을 넣으면 동영상 부분 검색에 상위 노출될 가능성이 높아지므로 검색 활성화에 도움이 된다. 또한 정말 회원들에게 도움이 되는 내용의 정보성 콘텐츠를 정기적으로, 많이 올려야 한다.

셋째, 세미나 등을 꾸준히 열어야 한다. 회원들의 참여도를 높이고 친목 도모를 위해 회원들 간의 정기 모임을 만들어두는 것도 도움이 된다. 또한 세미나나 포럼 등을 자주 열어서 회원들이 주기적으로 카페를 찾아오고 참여할 수 있도록 만드는 것도 좋다.

넷째, 가입자를 위한 혜택을 명확히 주어야 한다. 카페에 가입한 회원들의 경우 얻을 수 있는 혜택이 있어야 회원 확대와 카페 성장을 동시에 이룰 수 있다. 활동 점수 제도 등을 만들어서 카페의 성장을 위해 많이 활동하는 회원들에게 많은 이익을 주는 것이 효과적이다.

다섯째, 아웃소싱을 하면 효율적으로 카페를 성장시킬 수 있다. 개인이 마케팅을 위해 카페를 성장시키기는 쉽지 않다. 많은 시간과 노력이 필요하기 때문이다. 따라서 직원을 두고 마케팅을 하거나 아웃소싱을 통해 카페를 성장시키는 것도 효과적이다.

★ HOME BUSINESS ★

CHAPTER 4

고객의 가치를 경영하라, CVM 마케팅

홈비즈니스의 핵심 전략, CVM 마케팅

나는 홈비즈니스를 하면서 실수나 실패도 경험했고, 꽤 오랜 시간 공부하고 연구도 했었다. 그렇기에 이 책을 읽는 분들이 시행착오 없이 좀 더 빨리 홈비즈니스 성공에 다다를 수 있도록 도울 수 있다. 누가 내게 마케팅의 성공 비법 중 딱 한 가지만 꼽으라면 나는 CVM 마케팅customer, value, management을 주저 없이 선택한다. 흔히 관계 마케팅이라고 하는 것으로 마케팅의 성공에 있어서 가장 중요한 것이 바로 '관계'이기 때문이다.

그렇다면 CVM 마케팅은 도대체 무엇을 말하는 것일까? 비즈니스에서 예전에는 마케팅이 제품에 집중되었다면 지금은 기업과 고객의 유대관계 형성과 유지를 통해 '관계'를 강화하는 마케팅이 주목을 받고 있으며 이것이 바로 CVM 마케팅이다. 즉 기업과 고객이 단순히 물건을 팔고 사는 입장에서 벗어나서 끊임없는 소통으로 관계를 만들어나가는 것이 마케팅 효과로 이어지는 것이다.

그렇다면 왜 CVM 마케팅이 비즈니스의 핵심이 되고 있을까? 이는 기술과 서비스의 발달로 더 이상 상품이나 서비스가 이미 상향 평준화되었기 때문이다. 최고의 상품과 서비스를 광고하는 것을 찾아 다닐 필요가 없어진 것이다. 대부분의 상품들이 이미 우수한 질을 갖추고 있으며 상품 자체만의 경쟁력으로는 더 이상 마케팅 효과를 누릴 수 없게 된 것이다. 그래서 많은 기업들이 고객에게 눈을 돌리게 되었다.

CVM 마케팅은 기업 및 브랜드의 신뢰 구축에 중요한 역할을 한다. 고객은 물건을 구입할 때 늘 고민하고 망설인다. '이 상품이 정말 믿을 만한 것일까?' 혹은 '이 상품을 사면 정말 나에게 도움이 되는 것일까?'와 같은 생각들은 항상 고객의 발목을 잡는다. 고객은 상품 앞에서 항상 거절할 이유를 찾곤 한다. 하지만 CVM 마케팅은 SNS 등을 통해 꾸준히 고객과 소통하며 고객에게 브랜드를 노출시켜서 브랜드에 대한 믿음을 확보해나간다. 즉 CVM 마케팅이 성공하면 고객은 더 이상 망설이거나 고민하지 않고 상품을 구입하게 된다. 구매 전환이 수월하게 이뤄지는 것이다.

CVM 마케팅이라고 하면 거창한 듯 보이지만 사실 우리 주위를 조금만 둘러보면 대기업부터 이제 막 창업을 시작한 스타트업까지 수많은 기업들이 CVM 마케팅을 하고 있다는 것을 알 수 있다. 잘나가는 쇼핑몰 대표들이 다른 직원을 쓰지 않고 본인이 직접 SNS를 통해 고객들과 소통하는 것은 CVM 마케팅의 대표적인 사례다. 글로벌 커피 프랜차이즈 브랜드인 '스타벅스' 역시 SNS를 통해 CVM 마케팅을 성공적으로 펼쳐서 전 세계적으로 수많은 충성 고객을 얻을 수 있었다.

스타벅스의 시초는 1971년 시애틀에 있던 작은 카페였다. 처음부터 스타벅스가 승승장구한 것은 아니었다. 2000년대 초반에는 저렴하면서도 우수한 질을 갖춘 커피 프랜차이즈들이 대거 등장하면서 성장이 주춤하기도 했다. 그 위기를 타개할 수 있었던 것이 바로 SNS를 통한 마케팅이었다. 당시 스타벅스는 SNS 마케팅만을 위해 따로 팀을 꾸렸고 2008년에는 20만 명의 팬을 갖고 있던 개인 페이스북을 인수해 스타벅스 계정으로 만들었다. 그 계정을 통해 스타벅스는 고객과 지속적인 커뮤니케이션을 해 왔다. 인스타그램, 페이스북, 트위터 등 다양한 SNS를 적극 활용하여 정보를 전달하는 것은 물론이고 댓글 등을 통해 고객과 활발하게 소통해왔다. SNS를 통해 충성도 높은 고객을 만들었으며 이를 통해 수많은 다른 고객을 끌어들일 수 있었다. 빠르게 고객을 확산하는 것은 물론이고 고객과의 친밀한 관계 형성을 통해 효과적인 마케팅을 할 수 있는 SNS를 잘 활용했기에, 스타벅스는 현재 글로벌 커피 프랜차이즈로 최고의 경쟁력을 지닐 수 있게 되었다.

우리나라에서 CVM 마케팅으로 최고의 성공을 얻은 사례로는 기업이 아닌 아이돌 그룹인 방탄소년단을 들 수 있다. 작은 소속사의 아이돌로 시작한 방탄소년단이 K팝 그룹으로는 최초로 미국 빌보드 차트 정상을 차지하고 전 세계 1,000만 명이 넘는 팬덤(아미)을 가질 수 있었던 것은 SNS를 현명하게 활용한 덕분이었다.

방탄소년단은 연습생 시절부터 자신들의 유튜브 채널을 만들어 다양한 영상을 공개해왔다. 연습생으로서의 소소한 일상은 물론이고 연습 과정 등을 낱낱이 공개하면서 전 세계 수많은 팬들과 소통했던 것이다. 팬들과 꾸준히 직접적으로 소통한 결과 방탄소년단은 유튜브 다이아몬드 버튼(1,000만 구독자 이상을 보유한 채널에 수여되는 것)까지 획득하게 되었다. 게다가 방탄소년단은 유튜브뿐만 아니라 다양한 SNS 채널을 활용해왔다. 2012년 트위터를 개설한 이후 5년 만에 방탄소년단은 국내 최초로 트위터 1,000만 팔로워를 돌파하기도 했다.

방탄소년단의 사례는 이제 막 홈비즈니스를 시작하려는 사람들, 특히 막대한 비용을 들여서 비즈니스를 할 수 없는 사람들에게 좋은 롤모델이 될 수 있다. 방탄소년단의 경우 대형 소속사 출신이 아니다. 이름이 잘 알려지지 않은 소속사에서 연습생으로 있었던 만큼 방송 출연 기회도 쉽게 가질 수 없었다. 즉 국내에서 팬들에게 쉽사리 노출될 기회를 얻지 못한 것이다. 하지만 이는 방탄소년단이 SNS로 눈을 돌릴 수 있는 기회이기도 했다. 방탄소년단은 SNS에서의 활발한 활동과 소통으로 오히려 해외의 수많은 팬들을 확보하는 계기를 마련했고 해외에서 먼저 유명해진 아이돌 그룹이 되었다.

CVM 마케팅은 이렇게 아이돌 그룹에서부터 글로벌 기업은 물론이고 이제 막 1인 창업을 시작하는 사람들에게도 성공으로 가는 핵심 전략이 되고 있다. 특히 홈비즈니스, SNS 마케팅을 시작하는 사람들은 고객과의 관계, CVM 마케팅에 집중해야 한다.

1) 알고리즘도 이긴다는 고객 소통 전략

CVM 마케팅을 성공하려면 '소통'은 필수이다. 소통을 하지 않는 판매자는 그저 판매쟁이에 불과하다. 얼굴을 대면하지 않고 SNS를 통해 관계를 맺고 신뢰를 구축하고 거래가 이루어지는 시스템이기 때문에 친밀하고 적극적인 소통이 기반이 되지 않으면 지속적인 판매와 성공을 얻을 수 없다. 그렇다면 어떻게 소통을 해야 할까?

소통의 뜻을 살펴보면 국어사전에는 '막히지 아니하고 잘 통함' 혹은 '뜻이 서로 통하여 오해가 없음'이라고 되어 있다. 즉 서로의 뜻이 잘 전달이 되어 막히지 않고 오해도 없어야 한다. SNS에서 향후 고객이 될지도 모르는 사람들과 소통을 할 때는 특히나 오해가 생기지 않도록 해야 한다. 판매자로서 상대를 그저 내 상품을 구매해줄 고객, 돈벌이 수단으로만 생각하고 접근한다면 상대방 역시 이를 알아챌 수밖에 없다. 그러니 소통에 더 신중을 기해야 하며 진심으로 최선을 다해야 한다.

자기만의 소통 방법을 찾아내고 개발하는 것 역시 CVM 마케팅에서 중요한 부분이다. 소통에 대한 부분은 포괄적이고 어려운 부분이기 때문에 꾸준한 공부와 노력이 필요하다. 다만 소통을 함에 있어서 반드시 주의해야 할 점이 있는데 이를 알아두어야 소통에 실패하지 않는다.

첫째는 고객을 자극하고 거부감을 유발하지 않아야 한다. 내게 찾아오는 수강생 중에서 상당수는 인스타그램 판매를 통해 실패를 경험한 분들이다. 실패의 원인을 함께 분석하다 보면 인스타그램 마케팅을 잘못 배워서 활용하신 경우가 대부분이라 안타까웠던 적이 많다. 보통 처음 인스타그램을 시작해서 판매에 뛰어드는 분들의 경우 마케팅 지식이 없는 상태라서 마케팅 업체의 도움을 많이 받는다. 돈을 좀 들이더라도 제대로 해 보고 싶기 때문이다. 하지만 일부 마케팅 업체들은 그런 사람들의 마음을 악용해서 마케팅이나 판매에 전혀 도움이 되지 않는 방법만을 가르치고 돈을 벌어간다.

대표적인 것이 인스타그램을 돈으로 '포장'하는 것이다. 사람들의 욕망을 자극하는 것이 '돈'이기 때문에 이를 이용하는 것이다. 그래서 지금도 많은 인스타그램 판매자들이 외제차, 명품 시계나 가방, 심지어는 돈 사진을 지속적으로 올린다. 하지만 이런 마케팅은 그야말로 일시적으로 눈을 현혹시키는 것에 불과하다. 절대 오래가지 않는다. 한때 질소포장 과자 문제가 이슈가 된 적이 있다. 과도하게 부풀린 포장 때문에 포장에 비해 극히 적은 양의 과자에 분노한 고객들이 '질소에 딸려오는 과자'라고 비꼬며 업체들의 문제를 지적했었다.

인스타그램도 마찬가지다. 잔뜩 부풀리고 포장한 인스타그램은 결국엔 고객과의 소통 단절을 불러올 수밖에 없다. 잠시 사람들의 동경을 유발하고 관심을 끄는 것처럼 보이지만 결국에는 시기와 질투를 부르고 사람들의 발길을 돌리게 만드는 역효과를 내게 된다. 부드럽게 다가가서 나의 '친구'이자 '팬'으로 만들어야 할 고객을 잔뜩 자극시켜서 적으로 돌리는 것이다.

고객과의 소통에 실패하지 않기 위해 또 하나 염두에 두어야 할 것은 고객은 절대 설득당하지 않는다는 사실이다. 어린 시절 누구나 부모님으로부터 '공부하라'는 소리를 한 번쯤 들어보고 자랐을 것이다. 하지만 그 말을 듣고 공부를 해야겠다고 생각한 사람이 있을까? 사람에겐 누구나 청개구리 심리가 있다. 하지 말라면 하고 싶고, 하라고 하면 하기 싫어지는 것이다. 그러니까 판매자가 아무리 좋은 의도를 갖고 있다고 해도 자꾸 권유하고 강요한다면 고객은 돌아선다. 이 상품이 너무 좋으니 꼭 구입을 하라고 고객에게 아무리 말해도, 맞팔을 하자고 댓글을 남겨도 고객의 반응이 없는 것은 바로 이 때문이다.

모든 판매자들에게 가장 중요한 목표는 '판매'이다. 그러니 하루 종일 판매만을 신경 쓰고 판매에만 집중하게 된다. 하지만 고객에게도 그런 얄팍한 의도와 목적으로 접근한다는 것은 고객의 마음을 읽지 못하는 초보 판매자에 불과한 것이다. 판매를 위한 소통을 할 것이 아니라 진정한 소통을 해서 고객의 마음을 움직이면 판매는 저절로 따라오게 된다는 것을 명심해야 한다.

댓글 하나를 쓸 때도 내가 받았을 때 기분이 좋은 댓글, 소통하고 싶은 댓글을 상대에게도 남겨야 한다. "우리 소통해요", "맞팔해요", "제 피드에 놀러오세요", "육아 소통해요" 이런 식의 댓글들을 수없이 달고 다녀봤자 반감을 사거나 삭제 혹은 신고를 당하는 지름길이 될 뿐이다. "오늘은 미세먼지가 심하다고 합니다. 인친님들도 출근길에 마스크 꼭 챙기시고요. 오늘 하루도 파이팅하길 응원하고 갈게요." 이런 식의 댓글이라면 어떨까? 그냥 무시하고 삭제해버릴 수 있을까? 아마도 따뜻한 마음이 느껴져서 그냥 지나칠 수 없을 것이다.

소통은 사실 말은 쉽지만 굉장히 까다롭고 어려운 부분이다. 짧고 간략한 메시지를 전달하는 게 목적인 SNS에서는 더 오해가 발생하기 쉽고 소통에 단절이 발생하기도 쉽다. 그러나 한 가지만 명심하면 된다. 너무 급하게 판매 목적만을 달성하기 위해 소통하려 하면 안 된다. 거칠고 자극적이며 일방적인 소통 역시 절대 해서는 안 된다. 천천히, 부드럽게 다가가서 친근한 메시지를 전달하면서 그야말로 소통을 위한 소통을 해야 한다. 마음을 열고 소통하려 노력하는 판매자에게 마음을 열지 않을 고객은 없다.

2) 나와 고객을 연결시키는 브랜딩 마케팅

'브랜딩Branding'은 소비자들에게 제품이나 브랜드의 특정 이미지나 느낌을 각인시키는 것을 말한다. 브랜딩이 잘된 제품이나 브랜드는 소비자의 마음에 오래 남기 때문에 지속적인 마케팅과 판매로 이어지게 된다. 특히 CVM 마케팅을 할 때는 제품 그 자체보다는 제품이 바뀌더라도 나를 보고 찾아올 수 있도록 나를 브랜딩하는 노력이 반드시 필요하다.

나를 브랜딩하기 위해서 가장 먼저 해야 할 것은 나 자신에 대해 명확한 이해, 그리고 그것을 기반으로 내가 하고자 하는 사업의 목표와 고객을 연결시키는 것이다. 막연하게 나는 어떤 사업을 하고 싶다, 어떤 상품을 판매하고 싶다, 어떤 고객을 대상으로 하겠다고 생각하는 것은 자칫 브랜딩 실패로 이어질 수 있다. 명확하게 글로 써서 내가 판매하고 싶은 고객에게 어떤 도움을 줄 수 있는 판매자가 될 것인지에 대해 빈틈없이 이해해야 본격적으로 마케팅과 홍보를 진행할 수 있다. 그래서 나는 수강생들에게 SNS 마케팅을 시작하기 전에 반드시 '마이스토리'를 작성해보라고 한다.

이렇게 생각하는 사람도 있을지 모른다. 이런 것까지 작성을 해야 하는가? 시간을 투자해서 작성해야 할 만큼 이게 내 사업에 꼭 필요한 것일까? 머리로 생각해보기만 해도 충분하지 않을까? 하지만 마이스토리를 작성하는 것과 작성하지 않는 것은 앞으로 사업을 해나가는 데 있어서 엄청난 차이가 있다. 뚜렷한 목표 지점이 있고 왜 가야 하는지 분명한 이유가 있는 상태에서 출발하는 것과 어디로, 왜 가야 하는지 모르는 상태에서 출발하는 것과는 결과가 달라질 수밖에 없다.

예를 들어 수강생 중 한 명은 계속 자신의 사업이 안 된다고만 호소했었다. 화장품을 판매했었는데 판매가 잘 되지 않는다면서 이렇게 말했다. "저는 화장품을 팔아서 잘 안 되는 것 같아요. 다른 수강생 중에 옷을 판매하시는 분은 잘되던데 저도 옷을 판매해야겠어요." 그리고 얼마 후에 사업이 잘되고 있느냐고 물어보면 이번에는 이렇게 말한다. "옷으로 품목을 바꿨는데 아직 오픈한 지 얼마 되지 않아서 잘 안 되네요." 이 판매자는 시간이 지나도 계속 판매가 안 된다고만 했고 제대로 된 홍보나 사업은 본격적으로 시작하지도 못했다. 문제는 자신에게 맞는 상품이 무엇인지, 어떤 고객에게 판매할 것인지에 대한 아무런 계획도, 준비도 없었기 때문이다.

또 다른 판매자는 인스타그램에서 인친들에게 상품을 판매하는 게 좀 걱정되고 두렵다고 도움을 요청했었다. 자신이 상품을 홍보하고 판매하면 인친들이 멀어지거나 등을 돌리게 될까 막연하게 걱정하고 있었다. 그래서 마이스토리를 꼼꼼하게 작성해보라고 했었다. 본인이 자신의 상품이나 사업에 대해 확신을 갖지 못하고 떳떳하지 못하기 때문에 발생하는 문제이기 때문이다. 자신이 상품이나 사업에 대해 불투명하게 생각한다면 고객에게도 그대로 전달이 될 수밖에 없다. 그런 상품을 어떤 고객이 사겠는가. 또한 그러한 문제가 자신의 사업 방향성을 명확히 설정하지 않아서 발생한 것일 수 있기 때문에 마이스토리를 작성할 필요가 있다. 그 과정을 통해 자신의 목표가 그저 인스타그램에서 인친들과 소통하며 일상을 보내는 것인지, 아니면 판매를 하는 것인지 확실히 정해야 한다.

마이스토리를 작성하다 보면 자신의 사업에 대해 많은 것을 깨닫게 된다. 때로는 어찌어찌 우연히 사업을 시작했다가 마이스토리를 작성하면서 자신이 얼마나 사업에 애착이 없었는지 깨닫게 된 판매자도 있었다. 사업에 애착이 없으니 고객의 눈에도 그것이 보였을 것이고 판매도 시원찮았던 것이다. 또한 어떤 판매자는 홍보글을 작성하는 것이 너무 어렵다면서 힘들어했었다. 그 판매자에게도 마이스토리를 작성하라고 권했고 마지막 질문의 답을 작성하면서 이를 홍보글로 자연스럽게 녹여내 보라고 말했다. 결국 고객의 20가지 고민에 대해 오랜 시간 답을 찾아냈고 홍보글 역시 20개를 만들어내서 쉽게 홍보를 시작할 수 있었다며 기뻐했었다. 이처럼 마이스토리는 판매자가 가진 다양한 고민을 해결해주기도 한다.

SNS 마케팅을 하기 위한 준비과정에 해당하는 것이 바로 마이스토리 작성이다. 이것을 작성하면서 어렴풋하게 느껴졌던 나의 사업과 고객에 대해 보다 정확하게 이해할 수 있게 된다. 즉 사업의 방향성이 뚜렷하게 정해지면서 홍보 및 마케팅 방법도 구체적으로 나올 수 있는 것이다. 지피지기면 백전백승이다. 나를 알고 시작하는 것과 나의 상품과 사업, 고객에 대해 모르고 시작하는 것은 다를 수밖에 없다. 이 상품과 사업이 왜 나와 고객에게 반드시 필요한 것인지 그 당위성을 찾게 되면 그때부터 진짜 판매가 시작이 된다.

연습 마이스토리 작성하기

• 내가 이 사업을 시작하게 된 이유는?

• 이 사업을 통해 가장 큰 이익을 얻게 될 고객은 어떤 고객이며, 그 고객이 얻을 수 있는 최대 이익은 어떤 것인가?

• 이 사업을 통해 나와 내 고객이 인생에서 큰 변화를 겪었다면 어떤 변화인가?

• 이 상품이 필요한 고객(타깃 고객)이 현재 밤잠을 설치며 하고 있는 고민 20가지를 적어보라.

• 이 사업을 통해 고객의 고민 20가지를 어떻게 해결할 수 있는지 해결 방법을 20가지 적어보자.

3) 고객을 끌어당기는 사장 vs 고객을 불편하게 하는 사장

CVM 마케팅의 효과를 높이려면 '긍정적인 메시지'를 활용하는 것도 좋은 방법이다. 이는 우리가 일상에서 만나는 많은 사람들을 떠올려보기만 해도 알 수 있다. 직장에서 만나는 동료가 매일 얼굴을 잔뜩 찌푸리고 있다면 어떨까? 친구가 만날 때마다 불평불만만 쏟아낸다면 그 친구와 오래 만남을 이어갈 수 있을까? 더욱이 SNS, 인스타그램에서 만나는 사람들은 짧은 대화로 소통해야 한다. 그렇기 때문에 말 한마디에 담긴 힘이 어마어마하다. 즉 관계가 중심이 되는 CVM 마케팅을 성공적으로 이끌려면 긍정 에너지를 담아야 한다.

SNS에서 홍보가 판매로 이어지는 글을 보면 모두 긍정 메시지가 담겨 있다. 홍보글 하나를 쓸 때도 이를 중요하게 생각해야 한다. 모두가 자신의 상품이 좋다고 떠들기만 할 때 나는 그 상품으로 인해 고객이 어떤 긍정적인 효과를 얻을 수 있는지에 대해 구체적으로 알려주는 것이다. 그럼 고객이 누구를 선택하겠는가. 똑같은 다이어트 상품을 판매하는 판매자가 있다고 하자. A는 자신의 상품을 사용하면 한 달에 10kg을 뺄 수 있다고 홍보한다. B는 자신의 상품을 사용해서 한 달에 10kg을 빼면서 삶이 달라졌다고 홍보한다. 육체적으로 건강해졌음은 물론이고 정신적으로도 여유로워지고 주변 사람들과의 관계도 훨씬 좋아져서 삶 자체가 달라졌다고 말한다. 이런 홍보글을 본다면 여러분은 A와 B 중 어떤 판매자의 제품을 구매하겠는가?

A의 홍보글을 본다면 고객은 단순하게 비교하게 된다. A와 비슷하게

한 달에 10kg을 뺄 수 있다고 홍보하는 제품 중에서 더 많은 혜택을 준다거나 더 저렴한 상품을 찾으면 그만이기 때문이다. 하지만 고객의 입장에서 B의 홍보글을 본다면 어떨까? 살을 빼고 싶어서 상품을 구매하려는 고객은 B의 판매자에게 물건을 구매할 경우 살을 빼는 것은 기본이며 인생이 달라질 수 있다는 '긍정적인 메시지'까지 얻게 되는 것이다. 쉽게 비교할 수 없는 가치를 얻게 되기 때문에 B 판매자에게 상품을 구매할 확률이 높아진다.

고객의 후기를 활용해서 '칭찬'이라는 긍정적 메시지를 전파하는 방법도 효과적이다. 고객의 후기를 스크랩(인스타그램에서는 리그램, 블로그에서는 스크랩, 페이스북에서는 공유) 할 때도 그냥 하지 않고 고객에 대한 칭찬을 꼭 덧붙인다. 그래서 누군가 그 후기를 본다면 '나도 저 판매자의 고객이 되어 저런 말을 들어보고 싶다'라는 반응까지 이끌어낼 수 있어야 한다. 이렇게 되면 고객의 후기는 꼬리에 꼬리를 물어 새로운 고객을 유입시키고 연쇄적으로 판매가 되는 것이다. 또한 후기를 올렸을 뿐인데 판매자에게 칭찬을 들었다면 그 고객은 판매자에게 고객을 소개시켜 주고 싶어질 것이다. 결국 한 명의 고객에게 칭찬과 긍정적인 메시지를 전달하면 이는 그 고객이 아는 수십 명의 주변인들에게 전달이 될 것이고 결국 한 번의 긍정적인 메시지로 수많은 잠재고객을 발굴하게 된다.

평상시에도 SNS를 통해 자신의 이미지를 긍정적인 방향으로 채워나가는 것은 중요하다. SNS를 보면서 사람들은 열광을 하기도 하지만 자주 지치기도 한다. SNS를 하는 많은 사람들이 자신이 가진 최고의 모습을 올리는 데 급급하기 때문이다. 그런 사람들을 수도 없이 많이 보기 때문에 SNS를 하다 보면 자존감이 떨어지거나 자신의 삶이 초라하게 느껴지고 때로는 무기력해지기도 한다. 그렇기에 긍정적인 메시지를 전파하는 것은 사람들에게 상당히 매력적으로 다가가는 방법이 된다. SNS에서 나를 모르는 누군가가 나에게 칭찬과 응원의 말을 건넨다면 어떨까? 팍팍한 삶에 찌들어 지쳐 있는 나를 따뜻하게 위로하고 희망의 메시지를 전해준다면? 그런 긍정적인 메시지를 전달하는 사람을 SNS에서 만난다면 그 사람의 팬이 되고 싶어지지 않을까?

사람들은 흔히 착각을 한다. 자신이 예뻐야 사람들이 관심을 가질 것이며, 자신의 삶이 화려해야 사람들이 좋아할 것이며, 자신이 성공한 삶이어야 사람들이 신뢰할 것이라 생각한다. 하지만 그렇지 않다. 예쁘지 않아도, 화려하거나 성공한 삶이 아니어도 긍정적인 메시지로 많은 팬의 지지와 신뢰를 받을 수 있다.

"나도 처음에는 이렇게 잘하지 않았어, 너도 나처럼 시간이 지나면 분명 잘하게 될 거야."

"내가 했으니, 너도 분명 할 수 있을 거야."

"조금만 더 힘을 내, 이 고비만 넘기면 좋은 일이 생길 거야."

다만 긍정적인 메시지를 담고 있으나 천편일률적이며 형식적인 메시지가 아니어야 한다. 자신만의 방법으로 긍정적인 메시지를 개발하고 이를 활용하는 것이 좋다. 여러분도 할 수 있다. 지금, 당장 시작해보자.

부록

CVM 마케팅 실전 활용하기

STEP1

블로그 마케팅

스토리텔링을 활용한 블로그 홍보 예시

해당 블로그는 우리 수강생 중 직장 생활을 하며 재택부업을 병행하던 수강생이 실제 자신이 몇 년 전부터 취미로 진행해오던 '직장인상담'을 본격적으로 사업화 한 사례이다.

본인 스스로가 직장 생활을 오래 경험했고 직장 내에서 불미스러운 일을 극복했던 경험도 있어 이를 살려 수십 명을 상담해왔기에 그 부분을 마케팅과 홈비즈니스로 연결시켜 성공적으로 진행하고 있다.

그리고 블로그에서도 '단순 홍보글'을 쓰지 않고 고객의 입장에서 고민거리를 스토리텔링 형식으로 풀어주며 실제 고객의 사연을 기반으로 홍보 포스팅을 작성하니 고객에게 거부감은 없으면서 실질적인 도움까지 주게 된다.

실제로 해당 수강생은 이 방법을 사용한 덕분에 사업 시작부터 고객의 문의가 많았으며 제휴를 맺고자 하는 업체도 생겨 보람 있는 홈비즈니스를 하고 있다고 한다.

명심해야 할 것은 스토리텔링 홍보글을 쓰되, 마케팅의 목적도 감안하여 '키워드'는 반드시 잡아야 할 것!

앞의 사례를 고객의 입장에서 보고 느낀 점은?

내 사업/직업에 적용해본다면 어떻게 응용할 수 있을까?

앞의 사례에서 고객 가치 경영 포인트를 파악해보자.

그 밖에 비슷한 성공사례를 더 찾아보자.

현재 나의 마케팅과 비교했을 때 어떤 점이 다른가?

이제 나만의 예시안을 만들어보자.

STEP 2

스마트스토어 마케팅

최근 들어 스마트스토어로 제2의 삶을 찾고 매출을 많이 발생시키고 있는 사례들을 흔히 볼 수 있다. 해당 사례도 우리 수강생의 사례인데 전체 페이지가 아닌 핵심포인트만 가져와 보았다.

스마트스토어에서 매출을 많이 발생시켜주는 핵심 포인트 몇 가지 중 결정적으로 고객의 구매 전환율을 높여주는 것이 바로 '상세페이지'이다. 해당 상세페이지 속 포인트를 몇 가지 짚어보며 스마트스토어뿐만

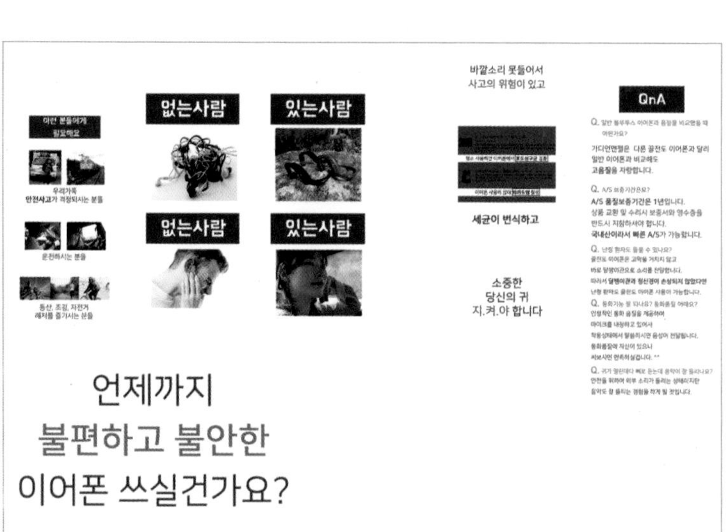

아니라 내 상품이나 서비스의 홍보글을 작성할 때에도 활용해보자! (명심해야 할 것은 상세페이지를 만들 때에도 공급자 위주의 설명글을 쓰면 실패한다. 소비자 입장에 서서 고객의 고민과 그것을 내 상품/서비스로 해결해 줄 수 있는 부분을 명확하고 효과적으로 나타내야 한다.)

스마트스토어 마케팅 글쓰기의 중요 포인트

첫째, 고객의 현재 깊은 고민을 묘사한다.

둘째, 비교와 공포 심리 자극을 통해 잠재 니즈를 극대화시킨다.

셋째, 언론이나 공신력 있는 자료를 통해 신뢰감을 상승시킨다.

넷째, 고객이 고민하고 있는 부분들을 구매저항력이 낮아질 수 있도록 해소해준다.

다섯째, 마무리는 행동 유도글로 구매전환으로 이끌어준다.

연습 배움을 돈으로 바꾸는 실천 노트

앞의 사례를 고객의 입장에서 보고 느낀 점은?

내 사업/직업에 적용해본다면 어떻게 응용할 수 있을까?

앞의 사례에서 고객 가치 경영 포인트를 파악해보자.

그 밖에 비슷한 성공사례를 더 찾아보자.

현재 나의 마케팅과 비교했을 때 어떤 점이 다른가?

이제 나만의 예시안을 만들어보자.

STEP 3

인스타그램 마케팅

"소비자가 스스로 찾아와 줄을 서서 기다리도록 할 것"

고객이 줄을 서서 기다리면서도 행복한 설렘을 유지하고 먹으면서 인증샷을 찍어 SNS에 자랑하는 브랜드. 실제로 홍콩에서 내가 봤던 헤이티의 모습이다.

'이 브랜드는 왜 이렇게 유명한 것일까? 얼마나 맛있길래 사람들이 2시간이 넘도록 줄을 서서 먹는 것일까?' 궁금해하며 1시간을 메뉴 고민을 하며 기다리고, 1시간을 제품이 나오길 기다렸다.

만약 이렇게 했는데 헤이티가 맛이 없었다면 어땠을까?

헤이티는 인스타그램 마케팅으로 광고비는 대폭 줄이고, 이로 인해 제품의 가격 경쟁력을 확보하여 중국에서는 스타벅스를 위협하는 tea 브랜드로 주목 받고 있다. 브랜드 측면에서의 접근이 아닌 소비자 측면에서의 접근성으로 '가심비'를 내세우고 오랜 시간 기다려야지만 먹을 수 있다 보니 먹고 나면 "드디어 먹었다!"라는 뿌듯함을 심어준다. 실제로 헤이티를 검색해 보면 블로그 포스팅이나 후기글 대부분이 "드디어 먹었다."로 시작하는 것을 볼 수 있다.

명심해야 할 것은 이렇게 인스타그램이나 SNS를 통해 빠르게 성장하고 충성 고객층이 생겨날수록 제품의 맛을 포함한 고객과의 신뢰를 더 욱 굳건히 쌓아나가야 한다는 것이다.

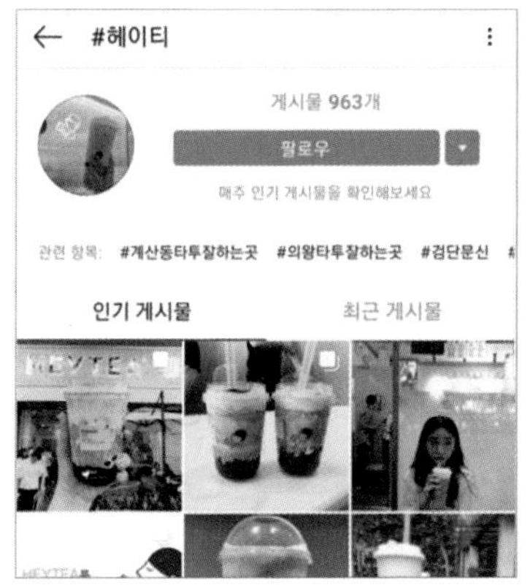

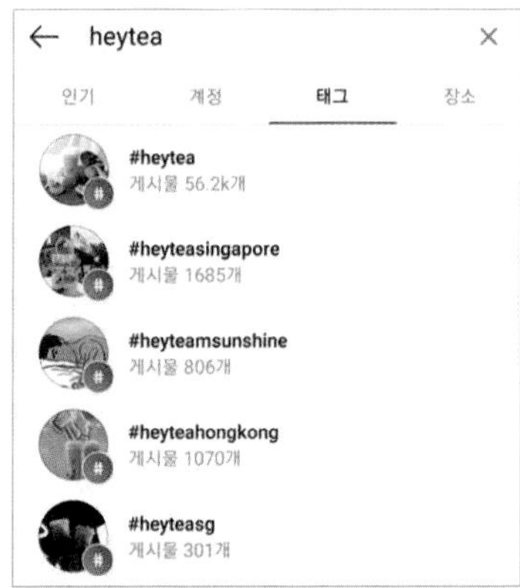

[시그널] '공차' 인수에 대만·홍콩 입질
서울경제 PiCK 2019.04.12. 네이버뉴스
여기에 인스타그램 마케팅으로 떠오른 버블티 브랜드인 '헤이티'가 시장을 빠르게 잠식하고 있다. 식품업계에서는 해외 PEF와 협상에서 실패할 경우 가격이 내려갈 것을 기대하는 움직임도 감지된다. 믹스커피...

연습 배움을 돈으로 바꾸는 실천 노트

앞의 사례를 고객의 입장에서 보고 느낀 점은?

내 사업/직업에 적용해본다면 어떻게 응용할 수 있을까?

앞의 사례에서 고객 가치 경영 포인트를 파악해보자.

그 밖에 비슷한 성공사례를 더 찾아보자.

현재 나의 마케팅과 비교했을 때 어떤 점이 다른가?

이제 나만의 예시안을 만들어보자.

네이버 밴드 마케팅

이미지를 기반으로 하는 마케팅 채널에서는 특별히 '이미지'에 더욱 신경을 써야 한다. 실제로 오른쪽 페이지처럼 젓갈 판매에 이미지 사례를 적용해 네이버 밴드에서 공동 구매를 진행했던 수강생은 680만 원의 매출을 내기도 했는데, 예시에서처럼 제품의 장점을 최대한으로 살려주는 이미지에 텍스트를 입혀 고객의 시선을 사로잡았다. 이는 네이버 밴드, 인스타그램, 페이스북 등 이미지가 중요한 SNS에서 활용하기 좋은 이미지 마케팅 사례이다.

이미지 마케팅 활용 꿀팁!

포토샵 같은 프로그램을 이용하거나 PC를 사용하지 않고 스마트폰만으로도 앞의 사례처럼 훌륭한 이미지를 만들 수 있다.

이미지 수정 어플 추천

-텍스트 입력: 라인카메라, 글그램, 타일

-인물 사진, 필터 촬영: 스노우, 소다, 유라이크, 카메라360

-사진 보정: 포토원더, 픽스아트, 인스타사이즈

동영상 편집 어플 추천

-초보자용: 퀵(qick)

-광고 영상: 멸치, 비바비디오, 키네마스터

밥도둑 3종 세트
오징어, 낙지, 창란 각 500g씩 1.5kg
유통기한 넉넉해요 ^^
가장 신선하고,맛있게 만들었어요~

거제도젓갈 1번지의 오동통한 낙지젓갈
흰쌀밥위에 낙지젓갈 한점이면 게임끝 ♥

거제도 특산품 멍게젓갈!
짜지않고,비리지않아 밥반찬으로 최고^^
양념 통멍게젓 한번도 안먹어본 사람은 있어도
한번만 먹은사람은 없어요!!

비법양념으로 감칠맛 돋는 오징어젓갈
자취생 필수템
오징어젓갈로 1일 1젓갈 하세요!

염도를 조절해 많이 짜지않은 신선명란젓!
동글동글한 예쁜 정란이라 선물용으로도 너무좋구
밥도둑반찬, 술안주로도 너무 좋아요 ^^
에어프라이어에 15분이면 맛있는 명란구이 완성
400g 으로 양도 시중에 파는것보다 많아요!!

특제양념으로 전혀 비리지않은 창란젓갈
바다의 향기를 머금은 창란젓갈로 젓갈한끼하세용!

연습 배움을 돈으로 바꾸는 실천 노트

앞의 사례를 고객의 입장에서 보고 느낀 점은?

내 사업/직업에 적용해본다면 어떻게 응용할 수 있을까?

앞의 사례에서 고객 가치 경영 포인트를 파악해보자.

그 밖에 비슷한 성공사례를 더 찾아보자.

현재 나의 마케팅과 비교했을 때 어떤 점이 다른가?

이제 나만의 예시안을 만들어보자.

STEP 5

이미지 마케팅

"보기 좋은 떡이 맛도 좋다."라는 말이 있다. 그만큼 요즘 사람들에겐 특히 이미지가 판매량을 좌우할 정도로 중요한 요소이다. 실제 나의 수강생과 내가 판매할 때 촬영했던 사진을 예로 들어 보자면 내가 팔고자 하는 제품을 라이프스타일에 함께 녹여내 주는 것이 판매량을 크게 좌우한다.

예) 젓갈 - 젓갈과 어울리는 식사 한 끼와 촬영

천연비누 - 비누의 천연재료들을 활용하여 효과적으로 전달

프레즐 - 프레즐의 타깃을 공략하여 맥주 안주 콘셉트로 촬영

김치
1/2
ORGANIC
Kloud

연습 배움을 돈으로 바꾸는 실천 노트

앞의 사례를 고객의 입장에서 보고 느낀 점은?

내 사업/직업에 적용해본다면 어떻게 응용할 수 있을까?

앞의 사례에서 고객 가치 경영 포인트를 파악해보자.

그 밖에 비슷한 성공사례를 더 찾아보자.

현재 나의 마케팅과 비교했을 때 어떤 점이 다른가?

이제 나만의 예시안을 만들어보자.

페이스북 마케팅

배도라지대추청
조선의
식초팔이
지보스
이혜진(지보스)
보늬푸드 / 지보스공구 / 지보스식당
빠르고 싸다_SNS 오픈마켓의 신개념
■ 카드/ 소액/ 토스결제 가능 ■
www.보늬푸드.com
친구 추가
팔로우
메시지
더 보기
1,106명이 팔로우함

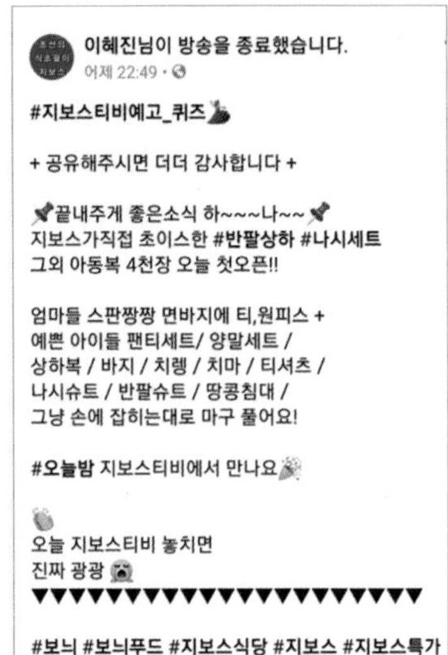
이혜진님이 방송을 종료했습니다.
어제 22:49
#지보스티비예고_퀴즈
+ 공유해주시면 더더 감사합니다 +
끝내주게 좋은소식 하~~~나~~
지보스가직접 초이스한 #반팔상하 #나시세트
그외 아동복 4천장 오늘 첫오픈!!
엄마들 스판짱짱 면바지에 티,원피스 +
예쁜 아이들 팬티세트/ 양말세트 /
상하복 / 바지 / 치렝 / 치마 / 티셔츠 /
나시슈트 / 반팔슈트 / 땅콩침대 /
그냥 손에 잡히는대로 마구 풀어요!
#오늘밤 지보스티비에서 만나요
오늘 지보스티비 놓치면
진짜 광광
▼▼▼▼▼▼▼▼▼▼▼▼▼▼▼▼▼▼▼▼▼▼▼▼
#보늬 #보늬푸드 #지보스식당 #지보스 #지보스특가
#지보스공구

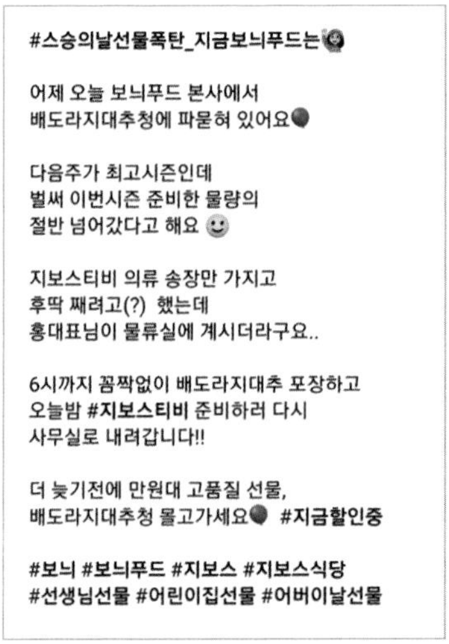

#스승의날선물폭탄_지금보늬푸드는

어제 오늘 보늬푸드 본사에서
배도라지대추청에 파묻혀 있어요

다음주가 최고시즌인데
벌써 이번시즌 준비한 물량의
절반 넘어갔다고 해요

지보스티비 의류 송장만 가지고
후딱 째려고(?) 했는데
홍대표님이 물류실에 계시더라구요..

6시까지 꼼짝없이 배도라지대추 포장하고
오늘밤 **#지보스티비** 준비하러 다시
사무실로 내려갑니다!!

더 늦기전에 만원대 고품질 선물,
배도라지대추청 몰고가세요 **#지금할인중**

#보늬 #보늬푸드 #지보스 #지보스식당
#선생님선물 #어린이집선물 #어버이날선물

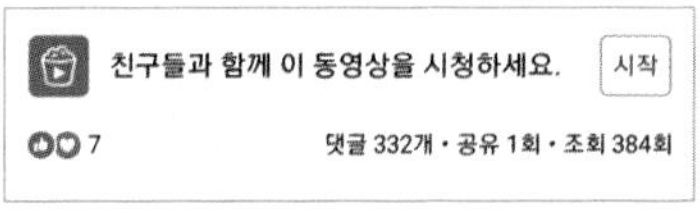

친구들과 함께 이 동영상을 시청하세요. 시작

7 댓글 332개 · 공유 1회 · 조회 384회

위 사례는 사람이 우선인 브랜드 '보늬푸드'의 이혜진 대표 페이스북 개인 계정이다. 개인 계정을 통해 고객들과 꾸준히 소통하는 것을 볼 수 있다. 정직한 제품이나 상품들에 대한 믿음과 신뢰를 보여줌으로써 고객들의 만족도와 충성도를 높였다는 것을 확인할 수 있다.

연습 배움을 돈으로 바꾸는 실천 노트

앞의 사례를 고객의 입장에서 보고 느낀 점은?

내 사업/직업에 적용해본다면 어떻게 응용할 수 있을까?

앞의 사례에서 고객 가치 경영 포인트를 파악해보자.

그 밖에 비슷한 성공사례를 더 찾아보자.

현재 나의 마케팅과 비교했을 때 어떤 점이 다른가?

이제 나만의 예시안을 만들어보자.

유튜브 마케팅

해당 사례의 경우 필자가 좋아하는 유튜버의 사례이다. 해당 유튜버는 정보 전달의 목적으로 유튜브를 아주 잘 활용하고 있는데 고객에게 꾸준한 방향성과 정보를 제공해주다 보니 단 몇 개월 만에 구독자가 18만 명으로 빠르게 증가한 사례이다. 실제로 필자도 해당 유튜버의 초기 콘텐츠를 보고 주변에 많이 추천해주었는데 콘텐츠가 좋으면 고객이 알아서 홍보해주는 선순환을 만들어 갈 수 있다.

혜님의꿈비TV는 사업 초창기부터 유튜브와 SNS를 병행하며 운영해왔다. 중요한 것은 유튜브 구독자에 연연하지 않고 꾸준히 내가 고객에게 줄 수 있는 정보 콘텐츠를 담다 보니 구독자와 영상 개수에 상관없이 고객이 찾아오는 자동화 마케팅이 가능했다. 물론 필자는 유튜브 알고리즘의 전문가가 아니며 유튜브 구독자를 폭발적으로 늘리는 방법 또한 잘 알지 못한다. 다만 구독자 수에 연연하지 않고 우리 구독자가 원하는 콘텐츠를 채워 나가려고 노력하다 보니 구독자분들께서 알아주시고 찾아와주시게 되었다.

물론 유튜브의 알고리즘을 파악하여 운영하면 단기간 유튜브 브랜드 마케팅으로 매출을 극대화 할 수 있고 나 또한 그 부분을 공부하여 적절히 적용하며 키워 오고 있다. 좋은 콘텐츠와 유튜브 알고리즘, 고객을 통한 바이럴마케팅이 되는 순간 유튜브 채널 확장에 날개를 달아줄 것이다.

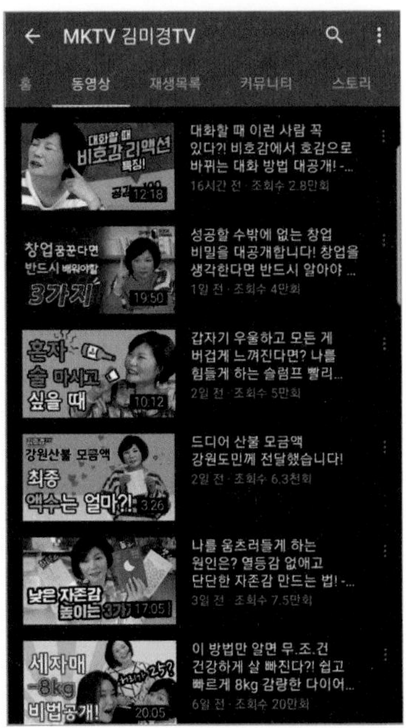

김미경 강사님은 내가 여기까지 오는 데에 정말 큰 영향을 미친 인물 중 한 분이다. 그리고 마케팅을 하면서 더욱 유심히 보게 되는 것이 강사님 유튜브 채널의 콘텐츠인데 방송 활동이 아니더라도 유튜브로 꾸준히 충성 고객들과 소통하며 고객들이 원하는 콘텐츠를 생산하는 분이니 구독

자가 늘어나는 것은 당연한 일이다.

특히 일반적으로 궁금하지만 가까이 하기 어려운 각계의 명사를 초청하여 진행하는 콜라보 콘텐츠나 북드라마는 지인에게 소개하고 함께 보기에도 좋다. 나 또한 강사님의 유튜브 영상을 보고 건강한 결혼관이나 육아관에 대해 공부했었는데 그 부분이 아직까지도 크게 도움이 되고 있다. 명심해야 할 것은 유튜브 마케팅을 할 때에는 철저히 '기버주는 사람'가 되어야 할 것.

연습 배움을 돈으로 바꾸는 실천 노트

앞의 사례를 고객의 입장에서 보고 느낀 점은?

내 사업/직업에 적용해본다면 어떻게 응용할 수 있을까?

앞의 사례에서 고객 가치 경영 포인트를 파악해보자.

그 밖에 비슷한 성공사례를 더 찾아보자.

현재 나의 마케팅과 비교했을 때 어떤 점이 다른가?

이제 나만의 예시안을 만들어보자.

STEP 8

공동 구매 마케팅

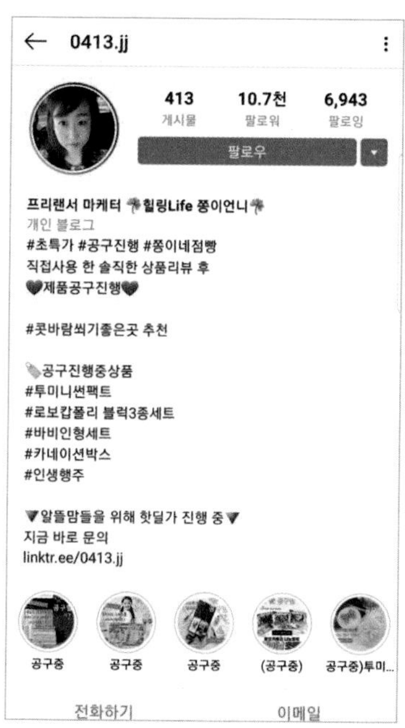

SNS 공동 구매 창업으로 육아와 홈비즈니스를 병행하고 있는 실제 수강생들의 계정이다. 프로필에 해당 마켓을 소개하는 한 줄과 주력 상품군, 기간을 명시하고 하단에는 주문을 원활히 할 수 있는 링크나 추가 정보를 볼 수 있는 링크를 달아주면 구매 전환율이 높아진다. 그리고 제품군은 통일감 있게 소싱해주는 것이 충성 고객층 확보에 도움이 된다.

앞의 사례를 고객의 입장에서 보고 느낀 점은?

내 사업/직업에 적용해본다면 어떻게 응용할 수 있을까?

앞의 사례에서 고객 가치 경영 포인트를 파악해보자.

그 밖에 비슷한 성공사례를 더 찾아보자.

현재 나의 마케팅과 비교했을 때 어떤 점이 다른가?

이제 나만의 예시안을 만들어보자.

인스타그램 이벤트 마케팅

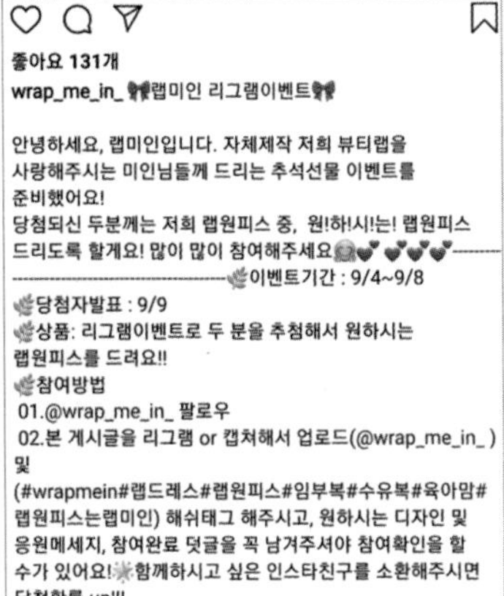

연습 배움을 돈으로 바꾸는 실천 노트

앞의 사례를 고객의 입장에서 보고 느낀 점은?

내 사업/직업에 적용해본다면 어떻게 응용할 수 있을까?

앞의 사례에서 고객 가치 경영 포인트를 파악해보자.

그 밖에 비슷한 성공사례를 더 찾아보자.

현재 나의 마케팅과 비교했을 때 어떤 점이 다른가?

이제 나만의 예시안을 만들어보자.

STEP 10

리그램 마케팅

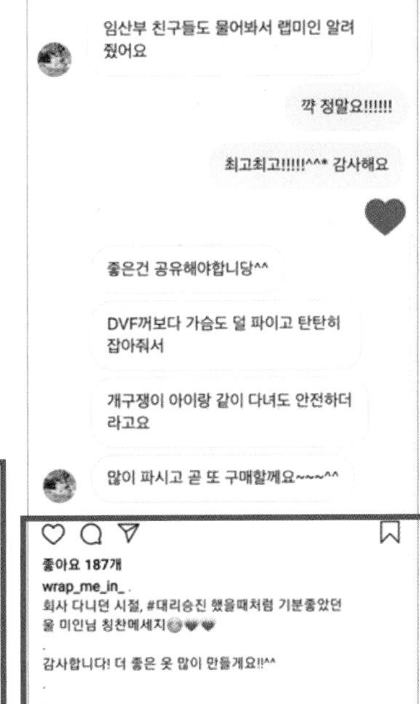

사진
wrap_me_in_
59 게시물
816 팔로워
2503 팔로잉
+ 팔로우
WRAP ME IN
두 엄마 육아스토리 랩원피스 자체제작 for 임산부, 수유부, 육아맘
www.wrapmein.com
veronica.sh님이 팔로우합니다
좋아요 114개
wrap_me_in_ #Repost @kimji_kj with @repostapp
• • •
인스타로 알게된 원피스집 옷 받자마자 너무 감동해서 공유할께요.. 원단이랑 가격이너무 좋아서.. 혼자 옷 붙잡고 감동..원피스 너무 좋아하는데 앞으로 좋은옷 많이 부탁드려요
#원피스성애자#데일리룩#dailylook#fashion#onepiece#랩

WRAP ME IN
두 엄마 육아스토리 랩원피스 자체제작 for 임산부, 수유부, 육아맘
www.wrapmein.com
veronica.sh님이 팔로우합니다
좋아요 114개
wrap_me_in_ #Repost @kimji_kj with @repostapp
• • •
인스타로 알게된 원피스집 옷 받자마자 너무 감동해서 공유할께요.. 원단이랑 가격이너무 좋아서.. 혼자 옷 붙잡고 감동..원피스 너무 좋아하는데 앞으로 좋은옷 많이 부탁드려요
#원피스성애자#데일리룩#dailylook#fashion#onepiece#랩스커트#임산부#수유복#육아맘#애스타그램#울산맘#엄마옷#데일리#소통#맞팔#정보공유#옷집추천#ootd#selfie#인터넷쇼핑#랩원피스는랩미인#랩미인#임부복#쇼핑몰추천#악세사리#코디#원피스#옷스타그램 /////////////// ---------------
고객님께서 뷰티랩 받으시고 이렇게 후기를 남겨주셨어요 감동했어요!!!!정말 감사드립니다
댓글 7개 모두 보기
2016년 8월 3일

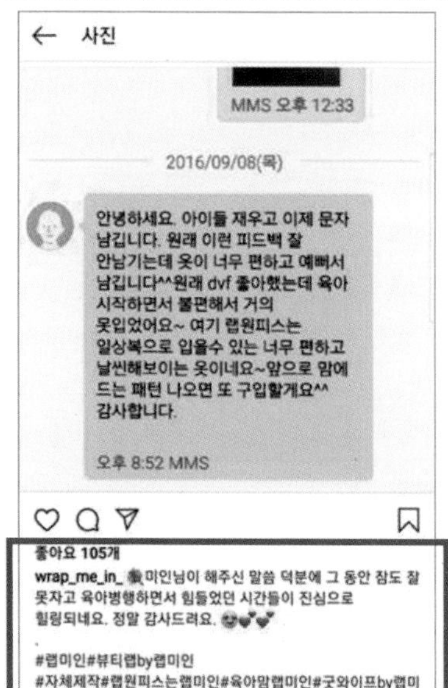
사진
MMS 오후 12:33
2016/09/08(목)
안녕하세요. 아이들 재우고 이제 문자 남깁니다. 원래 이런 피드백 잘 안남기는데 옷이 너무 편하고 예뻐서 남깁니다^^원래 dvf 좋아했는데 육아 시작하면서 불편해서 거의 못입었어요~ 여기 랩원피스는 일상복으로 입을수 있는 너무 편하고 날씬해보이는 옷이네요~앞으로 맘에 드는 패턴 나오면 또 구입할게요^^ 감사합니다.
오후 8:52 MMS
좋아요 105개
wrap_me_in_ 미인님이 해주신 말씀 덕분에 그 동안 잠도 잘 못자고 육아병행하면서 힘들었던 시간들이 진심으로 힐링되네요. 정말 감사드려요.
#랩미인#뷰티랩by랩미인
#자체제작#랩원피스는랩미인#육아맘랩미인#굿와이프by랩미인#wrapmein#wrapdress#maternitydress#worldwideshipping #thankstocustomer
2016년 9월 9일

인스타그램 마케팅 중 유용한 마케팅 활용 팁이 또 하나 있다. 바로 '리그램'이라는 것인데 리그램은 쉽게 말해 '퍼가기', '스크랩', '공유' 같은 기능이다. 이 리그램은 '리그램'이라는 어플리케이션을 활용해야 가능한데, 가장 잘 활용한 사례가 디자이너가 만든 랩원피스 브랜드 '랩미인'이다. 고객이 작성한 제품 후기나 제품 착용컷을 리그램 하여 나의 계정에 가져온다. 그리고 고객이 보기에도 기분이 좋아지는 코멘트를 덧붙여 리그램을 하는데, 고객이 발견했을 때 고객으로서의 만족감, 고객이 랩미인 브랜드를 이용하며 느끼는 가치를 더욱 높여주는 역할을 한다. '고객을 칭찬해준다면 고객은 우리 브랜드에 대해 어떻게 이야기하고 다닐까?'를 항상 명심해야 한다.

연습 배움을 돈으로 바꾸는 실천 노트

앞의 사례를 고객의 입장에서 보고 느낀 점은?

내 사업/직업에 적용해본다면 어떻게 응용할 수 있을까?

앞의 사례에서 고객 가치 경영 포인트를 파악해보자.

그 밖에 비슷한 성공사례를 더 찾아보자.

현재 나의 마케팅과 비교했을 때 어떤 점이 다른가?

이제 나만의 예시안을 만들어보자.

STEP 11

해시태그 마케팅

해시태그 마케팅을 활용할 때는 메인 해시태그와 핵심 해시태그로 나뉜다. 구매전환을 높여줄 수 있는 해시태그와 많은 고객들에게 노출될 수 있는 해시태그를 구분하여 같이 사용해주는 것이 가장 좋다.

연습 배움을 돈으로 바꾸는 실천 노트

앞의 사례를 고객의 입장에서 보고 느낀 점은?

내 사업/직업에 적용해본다면 어떻게 응용할 수 있을까?

앞의 사례에서 고객 가치 경영 포인트를 파악해보자.

그 밖에 비슷한 성공사례를 더 찾아보자.

현재 나의 마케팅과 비교했을 때 어떤 점이 다른가?

이제 나만의 예시안을 만들어보자.